京都《源氏物語》的時空

雪倫 文．李大爺 攝影

京都記錄了許許多多的歷史故事與世代交替，
每走訪一次，就想了解更多，也就越愛。
而這次，作者藉由喜愛《源氏物語》這本小說的心情，
走訪故事裡頭的場景，寫下自己的感受，
彷彿歷經了一場穿越時空的千年之旅！

目次 | *CONTENTS*

京都 ·《源氏物語》的時空

　　京都和《源氏物語》，基本上可以劃上等號。

　　京都，是日本舉世聞名的古都，它始於平安時代、於西元749年起被定為國都，當時稱為「平安京」；由於當時深受中國的影響，因此便仿照唐都長安城的格局建設而成，皇宮在城北，城南為外廓城，屬吏民居住之地；而外廓城又分東、西兩部分，西側稱長安（西都），東側稱洛陽（東都）；此後各朝代亦皆以它為都城，直到17世紀遷都江戶（今東京）止，是日本早期的政治、文化中心。

　　這座歷時千年的古都，有著豐富的古蹟和文化傳承，是濃縮日本文化於一個城市的典型代表，舉凡皇宮、寺廟、神社、民居、街道、祭典、美食和生活文化等，都可以在這裡看到活生生的經典代表，如京都御所、二条城、賀茂御祖神社、清水寺、平安神宮、醍醐寺、先斗町、祇園祭、藝妓等，它們都見證著日本歷史的發展與文化的傳承。

　　而《源氏物語》，是日本古典文學的一個高峰代表，約成書於西元1001～1008年之間。所謂「物語」，即故事的意思，是一種具有民族特色的日本文學體裁。《源氏物語》的故事就發生在京都被稱為「平安京」的平安時代，以京都及其附近的宇治為其舞台背景，內容講的是日本天皇桐壺帝之子光源氏一生錯綜複雜的愛情故事，其中還涉及到多起不倫戀。

　　這部小說是日本女作家紫式部的長篇小說，也是世界最早的長篇寫實小說。由於書中眾多女角都圍繞著光源氏發展出悲淒的愛情故事，連才學出眾的作者紫式部本人之命運，也甚是坎坷不順，使得《源氏物語》的字裡行間帶有一種淡淡的悲傷愁緒，這在日本文學中稱之為「物哀」，亦即見物而生悲哀之情的意思，《源氏物語》是開啟「物

哀」的流行先鋒，此後「物哀」成為日本一種全國性的民族意識、文學傳統，隨著詩人、散文家，一代又一代的傳衍下去。

《源氏物語》深受日本人的喜愛，因而在故事的舞台背景京都，處處都有可茲對照的標示或資訊。基本上，京都雖然已綿延到21世紀的今天，仍可說是《源氏物語》的時空，兩者可以劃上等號；因為日本人對古蹟的維護和傳統的維持，不遺餘力，使得京都充滿著古韻的魅力，這也是日本發展觀光的最大資源。而這本「京都·《源氏物語》的時空」之作者雪倫，特別喜愛《源氏物語》，因著到了京都特別去尋找《源氏物語》的時空，一一走訪書中的景點，古今對證，彷彿是一場穿越千年的時空之旅！

正因為這樣，使得這本介紹京都的旅遊書獨具一格，充滿著濃濃的文學味。而作者又非常貼心的在前言裡，先說了《源氏物語》的故事大概，使讀者在閱讀上有所幫助，更在書後附錄《源氏物語》書中或後人延伸的故事景點，可見得作者對《源氏物語》的喜愛，以及所下的功夫之深。

再來是作者很有條理的將京都分為洛中、洛東、洛西、洛南、洛北等五區，分區訪視《源氏物語》的景點，如洛中的紫式部宅邸、光源氏出生的京都御所、風俗博物館等，這些幾乎是了解故事的開端。而為了探訪相關的景點，作者深入到連本地人都很少去的大原野神社；甚至比日本人還用心，在宇治地方認真聽老伯講述有關宇治十帖的故事和尋找相關的證物等，而在每一個景點介紹之後，都附有地址和交通狀況，方便讀者按圖索驥。

這是一本別開生面的京都旅遊書，如果讀者您去了京都，其實可以撥一點時間擇要探訪《源氏物語》的一二相關景點，相信這本「京都·《源氏物語》的時空」可以幫助您更深入地了解京都、了解日本的文學或古文化，那會使您的京都之旅因文化的厚度而顯得與眾不同！

主編　洪文慶

作者序

我的愛‧京都

　　有個地方，去幾次都不覺得膩；有本小說，述說著纏綿悱惻的愛情故事。京都，因為它的質樸無華，因為它的獨特氛圍，讓人久久無法褪去對它的迷戀；《源氏物語》，日本經典的文學巨作，一旦陷入，便讓人沉迷於故事之中，無法自拔。就是如此的眷戀著這本著作，以及這塊土地，讓我不禁蠢蠢欲動，想要開始動筆記錄這一切。

　　愛上京都，連我自己都覺得驚訝。如此寧靜無華的城市，究竟隱藏著多少迷人的魅力？來到京都，我喜歡在祇園這兒尋找傳統藝妓的背影；也喜歡穿梭在滿滿京味的花見小路裡，探尋幾家擁有自慢料理的小店；另外，京都郊區那滿山遍野的秋楓及春櫻，讓人就算看上千百遍也不覺得厭倦。京都，宛若披著神祕面紗，等待旅人來層層揭開、細細品味。

京都，就決定是京都了

　　不要以為雪倫我是專職的旅遊部落客，我和大家一樣，是位踏踏實實、朝九晚五的上班族，每天要趕著九點到公司打卡，是個聽從老闆指令，奉命行事的小職員。常常為了要抽出假期去放鬆一下心情，而傷透腦筋。

　　「雪倫，你到底什麼時候要出書啊？」這句話大概是我最常聽見朋友或網站上的讀者們詢問的問題。但我心裡真的理不出個頭緒來，如果說真要寫，那該寫點什麼？如果說真要出書，那壓力可大了！腦中瞬間飛過了千百個問號。不是不寫，而是骨子裡該賣點什麼藥呢？這點讓我猶豫了……。

　　某天夜晚，書房裡點著幽暗的燈光，嘴裡啜著那微溫中帶著濃濃奶香的拿鐵，我正努力完成積欠已久的愛出走遊記。緊盯著螢幕，仔細敲打著鍵盤，但腦海中想的、惦的，卻是另外一件事。我想，該是時候為自己的旅程留下點什麼了。就這樣，我下意識的決定寫本和京都有關的書。

　　當晚，我就開門見山的和李大爺說，我想寫一本與京都有關的書。

　　「很好，有想法就是好的開始。」他說著。

　　「就醬？」期盼能從他口中獲得些想法也好，甚至否決我的決定也罷，但他卻只有百分之百的支持，認為對的事情就是要努力去完成，其他的部分不需要多想、多費心。

於是，就這樣，我開始周遊在我的京都愛出走裡了。

「我想，既然要寫，當然就要寫得言之有物。」我說。

「京都那麼大，寫什麼主題好呢？」我腦筋不停地轉動著，侃侃而道。

「《源氏物語》這主題，你覺得如何？」李大爺提議……。

話說，李大爺非常熱愛日本歷史，家中關於日本歷史的書籍占滿了大部分的書櫃。其實雪倫一開始並不是如此熱中，畢竟艱深難懂的歷史故事讓人覺得乏味。但在一次觀賞完日本每年播出的大河劇後，我發現了其中的趣味。京都，記錄了許許多多的歷史故事與世代交替，每走訪一次，就想要了解更多。

一次的達成共識後，我開始著手計畫旅行，同時也開始收集身旁一些與《源氏物語》有關的資訊。擔心旅行結合了艱深的《源氏物語》小說，會讓人覺得沉悶無趣。但請放心，這本書，可不是來探究歷史的。我只是單純地走訪故事裡頭的景點，藉由喜愛這本小說的心情，寫下自己的感受，也寫些自己從中習得的知識，為自己、也為大家留下點什麼罷了！

關於李大爺

可以說是我最好的朋友，也可以稱呼他一聲老公，但在文章中如此酥麻的稱呼，我應該會被讀者給亂棒打死（笑），那麼就姑且稱呼他為李大爺。

他熱愛歷史，但骨子裡流的可是工程師的冰冷血液。他喜歡攝影，或許不是專業的攝影師，但喜歡用鏡頭捕捉旅途中的景象，透過小小的鏡頭，抓住緊要的時刻，記錄旅途中的感動。他更喜歡說故事，雪倫是他最死忠的聽眾，每走訪一個景點，他都有說不完的故事情節可以與身旁的人分享，從古講到今，從無趣乏味講到令人心生好奇。他真是充滿矛盾與分岔的一個人（至少到目前為止，我是這麼深信著）。

他常說：「不了解一個地方，只是盲目的到此一遊，坐坐巴士、換換風景，似乎也太浪費得來不易的盤纏了。」趁著我們還年輕，還有堪稱強健的體魄為人生增添更多豐富色彩時，我們非得自己規劃行程，為自己的人生負責。當然，我們也不是什麼旅遊專家，不像那些充滿衝勁、刻苦耐勞的背包客們，花上大半的人生走遍世界各地。這樣的精神確實令人敬佩，但我終究還是個得為了籌措下次旅遊經費而努力工作的上班族。旅行，充其量只是在忙碌的生命中，博取短暫喘息空間的一種方法，它能讓生活更充實，也能讓視野更開闊。

感謝李大爺一路的陪伴，讓我能順利完成每一次的愛出走，以及這本書的撰寫，他提供我許多珍貴的知識與資訊。當然，最棒的禮物莫過於這些寶貴的照片，透過他的鏡頭，我深信，這些畫面都是最美的。謝謝你！

給還沒有看過《源氏物語》的你

這是一場發生在千年之前的愛情故事，是場男歡女愛、關係錯綜複雜的情愛糾葛，故事中牽扯的角色之多，常讓人陷入迷思而摸不著頭緒……。

故事開始於平安時代的京都御所內——

故事的主人翁名為光源氏（以下簡稱源氏），他的母親桐壺更衣在生下他不久後便因病去世。失去了母親的源氏，在十二歲成人禮時，與左大臣的女兒葵上結了婚，而他的父親桐壺院則在不久後娶了貌似桐壺更衣的女子藤壺中宮為妻。日漸長大的源氏在藤壺中宮的身上看到了自己母親的影子，而不倫地愛上了這位父親的女人（不久後，藤壺中宮懷了桐壺院的皇子冷泉帝，而這位皇子，實際的身分卻是源氏和藤壺中宮的孩子）。

十七歲那年的夏天，源氏因為避方位的關係，借宿在地方官伊予介的家中，並先後與伊予介的妻子空禪及女兒軒端荻發生關係。秋天起，源氏開始走訪六条，與已故皇太子的未亡人六条御息所相好，而這位善妒且占有慾極強的女性，在故事的後段用怨念咒死了好幾位與源氏相愛的女人（多年後六条御息所過世，源氏收養其女兒齋宮，而齋宮最後嫁給冷泉帝，成為秋好中宮）。

是年冬天，源氏在一次拜訪乳母的路上，被途中一間種著美麗花草的小屋給吸引，他輾轉發現了屋內所住的即是自己的好友頭中將曾經提到過的情人夕顏。看到了貌似天仙的夕顏，源氏再也克制不了自己的私慾，與她發生了關係。而被源氏冷落的六条御息所，其怨念則轉化為生靈，咒死了正與源氏熱戀的夕顏（源氏於多年後收養了夕顏與頭中將的私生女玉鬘）。

夕顏死後，源氏公子因患病，四處找人誦經、祈禱。就在一次前往北山某寺治病的途中，源氏遇見了年幼的紫上，而與紫上有了忘年之交，之後甚至將紫上帶回二条院撫養，最後還成為了他的妻子。

至於源氏與他的元配妻子葵上，他們的結緣乃是因為政治上的湊合，因此兩人之間的感情也一直都是平淡如水；直到某年，葵上懷了源氏的兒子夕霧之後，兩人的感情才日漸好轉。而美麗的故事總是坎坷崎嶇，葵上在生下夕霧不久，便和夕顏一樣，被六条御息所的生靈所困

擾，重病而死。

　　在葵上過世不久後，桐壺帝駕崩，而新的當權者是源氏同父異母的哥哥朱雀院。此時多情的源氏仍不改本色，染指了朱雀院的夫人朧月夜，而朱雀院的母親弘徽殿太后在得知此事後十分震怒，強逼源氏流放至須磨。

　　在須磨流放的日子裡，源氏結識了明石地區的美女明石君，並和她生下了一名女兒明石姬君。不久，流放之日結束了，源氏本來希望能將明石君及女兒姬君一起接回京中生活，但明石君卻因為自己的身分低微而予以婉拒。源氏只好帶著明石姬君回京，並交由紫上撫養長大。明石姬君之後嫁給了今上帝，並生下了宇治十帖男主角之一的匂宮。

　　而宇治十帖的另一位男主角薰，名義上雖然是源氏的兒子，但其真正的身分卻是柏木之子，而這又牽扯出另一段不倫關係了。朱雀院在出家後將兩個女兒女二宮、女三宮交由源氏撫養，源氏因貪戀女三宮，便與她結褵，而將女二宮許配給頭中將的兒子柏木。但正值年輕氣盛的柏木卻不安於室，私通了源氏的妻子女三宮，就在這段令人咋舌的不倫戀之下，薰誕生了。

＊

　　故事的後十帖發生在宇治地區——

　　此時的源氏已經與世長辭，這是他兒子薰，與外孫匂宮之間的故事。

　　故事的後十帖圍繞在薰與匂宮之間，這兩位男子，一位鍾愛宇治八宮的大女兒大君，另一位則鍾情於二女兒中君。本來他們一人愛著一位女子，看似非常的融洽；但在大君病死，中君也嫁給了匂宮之後，他們兩人竟然又同時愛上了宇治八宮的私生女浮舟。涉世未深的浮舟夾雜在兩人之間，始終無法做出決定，最後選擇了投河自盡來做了斷。可幸的是，浮舟最後被比叡山的和尚救起，自此出家，誠心向佛，從此不再過問人世間的情愛紛擾。

＊

　　故事至此，或許你也和我一樣，在腦海中浮現了許許多多的問號？而為了解開這些問號，我們選擇親自踏上書中的景點去一探究竟。如今實地走訪這些流傳千年的景點，心裡頭仍不免有些唏噓、有些感嘆，唏噓、感嘆那些千年以前，曾經為愛瘋狂、為愛捨命的人……。

9

源氏物語人物關係圖

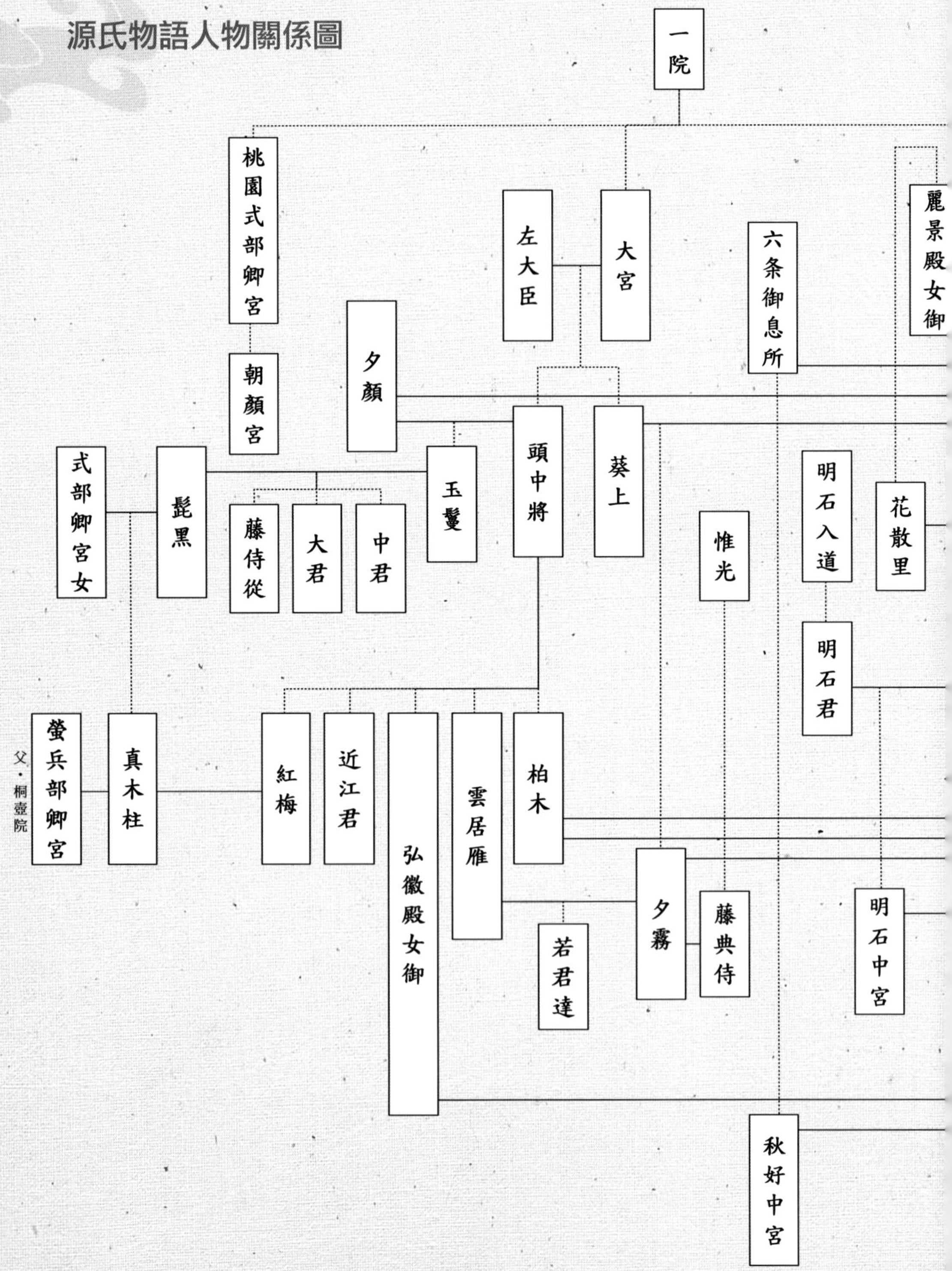

一院

麗景殿女御

桃園式部卿宮

左大臣　大宮

六条御息所

朝顏宮

夕顏

式部卿宮女

髭黑

藤侍從　大君　中君

玉鬘

頭中將　葵上

惟光

明石入道　花散里

明石君

父・桐壺院

螢兵部卿宮

真木柱

紅梅　近江君

雲居雁　柏木

夕霧　藤典侍

明石中宮

弘徽殿女御

若君達

秋好中宮

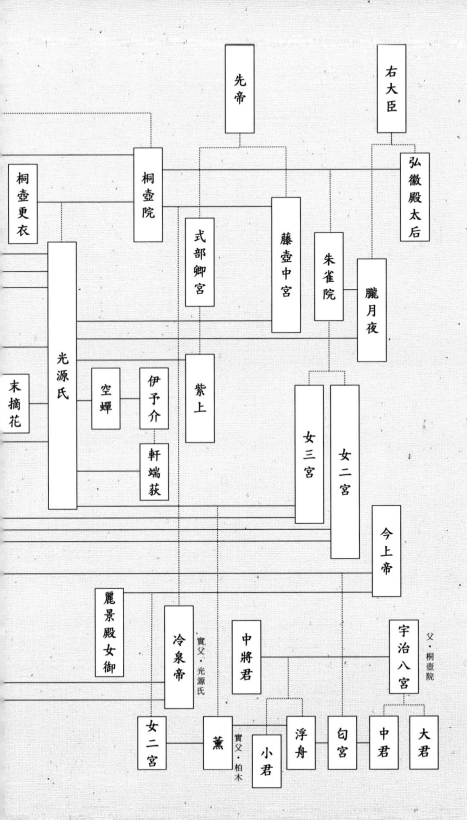

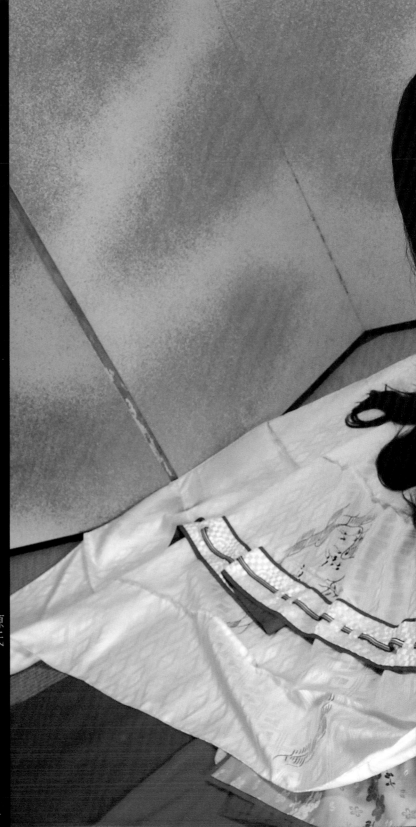

私京都・洛中

源氏
夢
回廊

紫式部宅邸・盧山寺

　不知是秋風作祟，還是此地冷清，盧山寺座落在京都的街頭，就像一座再平凡也不過的木造矮屋。若是門口沒擺上「源氏物語執筆地　紫式部邸宅址」的告示牌，我們或許會頭也不回的錯過這戶人家。仔細地打量著這幢矮屋，只見門口的告示牌上敘述著此地和《源氏物語》密不可分的關係。經過了院內的碎石路來到入口處，脫下鞋子，踩上喀吱喀吱作響的木板地，無人又無聲的盧山寺，讓我們行走得有點不自在，彷彿製造出一點點聲響都會打擾了曾在此地寫作的紫式部小姐一般。於是我墊起腳尖，像泥棒（日文的小偷之意）般鬼鬼祟祟的闖進這幢古屋。裡面空無一人，只有我和李大爺在裡頭窸窸窣窣對話著。

　「要買門票嗎？」我投機取巧的盤問著。

▲與日本的婆婆媽媽們一同仔細聆聽導遊的解說

▲十二單衣

「要吧……可是怎麼都沒有人啊！」果然是天秤座李大爺的直覺反應。

　　總不能拉高音量如大嬸般嘶吼：「有人在嗎？」這樣感覺不太符合優雅的日本人會表現出來的舉動，出門在外還是得兼顧一下台灣人的形象。於是我彎下腰看了看售票口內的環境，突然發現有位年邁的歐吉桑端坐在裡面，與我四目相交，真是活生生把我給嚇個正著。我用顫抖的聲音對他說：「兩、兩……兩張成人票。」

追尋曠世巨作的起點

　　走進寺內，我的目光立即被小隔間裡展示衣裝的女子身影給吸引住，女子身

▲源氏庭

著十二單衣，端莊優雅的盤坐在榻榻米上。這是古代最正式、最隆重的女子服裝，依據場合會有不同的花紋及顏色搭配。好想就此體驗一次複雜又厚重的十二單衣，但礙於時間有限，而打消了這個念頭。

　　順著參觀的路線前進，心裡不斷發出疑惑，究竟紫式部是個什麼樣的女子？如何能在千年之前就創作出如此驚人的曠世巨作。正當我思索著這個問題時，原本寂靜的空氣中，突然傳來了一陣吆喝聲！這裡霎時被日本團給攻陷了。一群不知從哪個遙遠城市來到此地的日本歐吉桑及歐巴桑團，在導遊的帶領下，專注欣賞著與《源氏物語》相關的文物展覽。我偷偷地尾隨在他們身旁，竊聽著導遊的解說，甚至也跟著大家排排坐在源氏庭前，仔細地聆聽導遊細說紫式部的故事。

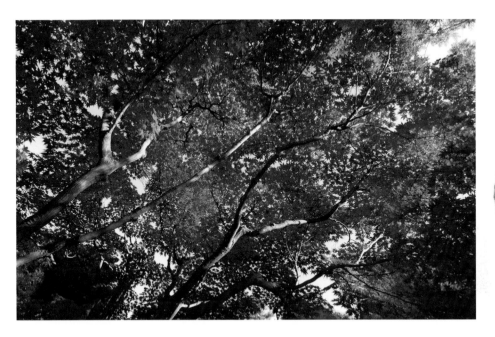

「盧山寺，平安時代紫式部的宅邸，是她當時撰寫《源氏物語》時的執筆地。生在平安時代的紫式部，出身於書香世家，她追隨父親學習漢學，對於白居易的詩也有很透徹的研究。但她高超的文學造詣對她的命運似乎沒有什麼幫助，她一生命運多舛，出世後不久即喪母，感情路上亦不順遂，婚後不久又面臨了失去丈夫的絕望困境。之後被召進宮內，看清了宮廷中日本貴族階級的糜爛生活及情愛糾葛，也在此環境下，花了畢生的心血，完成了這部影響後世深遠的長篇小說。」導遊滔滔不絕地敘述著盧山寺的歷史點滴。

我們要追尋《源氏物語》這本曠世巨作的腳步，真實地走訪故事中所提到的景點，那麼，或許從此處開始是最恰當的了。

幽靜神祕宛如置身畫中

盧山寺的空氣中充塞著一股幽靜的氣味。日本團散了，獨留我坐在源氏庭

前，映入眼簾的是日本枯山水的庭園建築，由白沙與苔蘚構築而成，在四周的紅葉襯托之下，這番美景彷彿只有在畫中才能看到。所謂萬綠叢中一點紅，秋天的盧山寺正是如此之美。每年的6～8月，當紫桔梗開花時，這裡的景象又是煥然一新。還沒有機會親眼目睹這傳說中的紫色庭園，我想，這應該是下次造訪此地的好藉口了。

踏出本殿，我沿著碎石路往後院走去。兩旁高聳的樹木讓這條短短的小徑頓時變得筆直冗長，我很好奇這裡究竟藏著什麼寶物，走著走著，原來來到的是先人的墓塚。後方庭院中有個小坑洞，感覺是通往神祕地道的地下入口，但這口看似一座古井的小洞早已被泥土掩沒，完全無法辨識它究竟只是口古井，抑或如我想像的是一條祕密通道。我倒是希望這個謎題永遠不要解開，讓盧山寺在我的心中，能永遠存有這一絲的神祕感……。

▲紫式部墓所（京都市北区紫野西御所田町）

盧山寺

交通：搭乘市巴士17或205，在府立醫大病院前下車，步行約4分鐘
門票：400日幣
開放時間：9:00～16:00
休日：1月1日與1月31日至2月7日

◀通往盧山寺後院的小徑

所有故事的開端‧京都御所

「來不及了……」氣喘如牛的我，像跑百米般在京都的街頭狂奔。

「跑快一點，快要關門了啦！」跑在前頭的李大爺一直回頭對我喊著。

我們倆就像是快遲到的小學生似的，非常驚慌失措地抵達了京都御所西側的清所門。因為時間緊迫，無意識到奔跑的路徑上，竟已激起了滿天煙塵，站在不遠處的守衛伯伯看著我們倆奔跑的身影，或許是起了憐憫之心，好心的在關門前破例放我們倆進入參觀。

重溫歷史景象

御所每年春秋之際，會特別對外開放兩次，無須事先預約，即可免

◀尾隨在我身後的警衛伯伯

▼《源氏物語》故事中經常出現的「和琴」

▲紫宸殿

費進入參觀，為了把握這難得的機會，我和李大爺可是拚了命地在與時間賽跑。一路進清所門，跟著人群沿著指引的路線前進，這裡曾是天皇的居所，也曾經多次遭到祝融襲擊，而現在我們看到的模樣是1855年所重建，與平安時代的構造已大不相同。《源氏物語》中提及的地點或許已不復存在，但我手裡仍拿著御所的地圖，仔細地將看過的景點做上註記。這些建築，實為珍貴，每一片屋瓦與裝飾都在在記錄了當時的光景，或許重建後的房舍有些許失真，但透過文字的解說與空間的呈現，讓旅人得以重溫舊時景象，與歷史故事做最親密的連結。

　　踩在碎石鋪路上，走起路來的喀喀聲響令人頗不自在。我小心翼翼地跟在人群之後，感受那日本人對於古蹟的厚愛與了解的深度。來到御所的人，不乏眾多的年輕人，以及攜家帶眷的小家庭，大家看著眼前的古蹟指指點點，就好像說

▲紫宸殿前來往駐足的旅人們

書人在講故事般，侃侃道來許多不為人知的歷史故事。這些畫面，讓我彷彿回到了童年時期，父親帶著我來到了台南的億載金城，而小孩們的問題總是特別多，一直不斷問著為什麼、為什麼？

「為什麼這裡會有炮台？」我指著炮台問。

「是因為鄭成功為了攻打荷蘭人而蓋的……」父親回答著。

我心想，眼前童言童語的問答，也應當是如此。小孩們一定好奇為什麼要蓋這棟建築，是誰住在裡面？為什麼他可以住在裡面呢？

參觀御所各處景點

沿著地圖指標走著，漆上赤紅色的承明門就佇立在我們眼前。承明門裡頭為御所的主殿──紫宸殿，這裡可是京都御所的精神所在，歷代君王的許多決策都是在此地拍案定奪的。在紫宸殿的前方，種植著

櫻花與橘樹，素有「左之櫻、右之橘」之稱。而隱身於紫宸殿後方的是天皇的休憩所——清涼殿。坐在清涼殿前，放空腦袋望著眼前的東庭，想想所在的這塊土地，在千年之前曾是《源氏物語》主角光源氏的出生地，他是否和我一樣，曾坐這此地放空思緒，沉澱心中的百感千愁呢？或許我的憂愁沒有他多，畢竟周旋在宮中眾多嬌豔的嬪妃之中，他的感情世界應當是要比我們尋常人還要棘手許多。

　　起身，來到了有著翁鬱綠樹環繞的御池庭。池子邊鋪滿了鵝卵石，環伺池邊的楓樹倒映在池面，宛如魔鏡般清晰，讓人看得好陶醉！我在這裡端詳了好一陣子，看著泛紅的楓葉隨著微風輕輕落下，像蜻蜓點水似的觸碰池面，水面上泛起了陣陣漣漪，讓我真想拿把小椅子來靜靜坐在此地寫寫此刻的心情。不料，手持棍棒的守衛伯伯擾人的催促聲，把我的白日夢敲碎了，他要我們快點跟上人群，而他則尾隨在我們身後，控制最後離場的人數，真是很掃興啊！

　　秋天的傍晚，天氣格外舒服。我們在御所臨時販賣處前的長椅子上稍做休息。放眼望去，幾乎每個來此地參觀的日本人，都會自備手作料理。看著他們不斷把壽司、三明治、創作便當往嘴裡送，讓我們這些旅人好生羨慕，肚子也不知不覺咕嚕咕嚕叫了起來。餓著肚子的我們，告別了短暫停留的京都御所，前往河原町，尋覓那京都職人的自慢料理！

京都三大祭典　時代祭

　　第二次來到京都御所，是為了要觀賞京都三大祭典之一的時代祭。拿著事先請朋友在日本買好的特別觀覽席門票，準時抵達御所報到。一踏進御所，眼前已經擠滿了許多前來觀賞本次盛會的民眾。當然，沒購票的人也可以一同觀賞這場盛事，只是沒有固定的座位罷了！

　　御所裡，不時有身著古裝的表演者在境內四處遊走，若是上前要求合照，他們也會很大方的點

▲時代祭指定席

頭示好。還有比人高的馬兒被黑布矇上眼睛，四隻腳非常沒有安全感地胡亂擺動著，好像一揭開那布條，牠就會立刻狂奔亂竄一般，讓站在一旁與牠合影的旅人相當驚恐。

▲接受小學生做問卷調查

此時的我，正被一群臉上流露出天真無邪笑容的小學生給團團圍住。一直以來，我就很喜歡日本的小朋友，每每在街角看到成群結隊守秩序的放學學童，總是會駐足停留，多看他們兩眼。不知為何，總覺得他們的身體裡流竄著無邪的血液，眼神中則流露出一股無辜但又充滿智慧的光芒，規矩地戴著整齊的小圓帽，倆倆手牽手，互相保護著對方，讓人好生憐惜。

這天，我使了些小伎倆，讓他們團團圍繞在我的身邊，原來，他們正在做學校所安排的觀光視察問卷。我主動地跟他們說：「我是外國人喔！」突然間，從一個、兩個，變成三個、五個，我好樂意接受他們的訪問，而這群小鬼似乎也非

▲時代祭遊行行列

▲時代祭・紫

◀▼▲時代祭遊行行列

常專注於他們自己的職責，只針對問卷的問題提問，一切閒聊似乎是不被允許的。

「請問你來自哪個國家？」「請問你來京都的目的是什麼？」「可以舉出三個你最喜歡京都的理由嗎？」問題接二連三，我一一作答後，他們一字不漏的記錄在問卷上。訪問完畢後，小朋友們異口同聲的說了聲：「どうも有り難うございました（非常感謝）。」隨即一哄而散。唉！小朋友也真是太現實了吧（淚）！

太過眷戀這群小朋友，卻疏忽了前方的時代祭已如火如荼地展開。坐定位子後，發現這特別觀覽席的位置安排著實令人難耐，除了沒有遮風避雨的帳棚之外，觀賞的視線也會被前排的座位給影響。好在日本人的修養確實深厚，就算視線被遮蔽，他們也不會為了自己的觀賞方便而起身擋住後方。不過坦白說，我個人覺得其實大可不用購買特別觀覽席的票券，站在坐位後方的草皮上觀看這場祭典，自由度還比較高呢！

話說，時代祭是從何開始的呢？原來這是當初京都為了紀念平安京遷都一千一百周年，以及平安神宮落成所舉辦的祭典，從明治28年（1895年）第一次舉辦後，每年都會舉行。這天就好比是京都的生日般，在街頭上以「時代行列」的形式，重演了京都過往的風華與歲月。時代行列由明治維新的隊伍揭開序幕，接下來是江戶、安土桃山、室町、鎌倉、藤原、延曆……等一連串的隊伍，而這當中，當然少不了平安時代的著名歷史人物——紫式部的身影。

看過日本其他城市的祭典，便會覺得時代祭稍嫌枯燥乏味。老實說，比較像是一場動態的服裝秀，從明治時代為開端，回溯至親魏倭王卑彌乎的時代行列，少了點祭典應有的熱絡氣氛，稍顯了無生趣。如果可以多點互動，譬如大阪的天神祭，像是場全民運動，那慶典的成分應該會更高一些。

京都御所

交通：從京都車站搭乘地下鐵烏丸線於今出川站下車，步行約5分鐘
門票：免費
開放時間：採預約參觀（每年春秋兩季有特別公開，無須預約即可參觀）
網址：http://sankan.kunaicho.go.jp/

走進《源氏物語》風俗博物館 的世界．

微秋的早晨，我們搭乘市巴士在西本願寺門口下了車，沿著地圖循線前往京都風俗博物館。原本以為風俗博物館應當是一座了不起的建築大樓，因此我將焦點放遠，專注於外觀特別或富有現代設計感的建築大樓上。

走著走著，依著路口的指示牌在小巷口右轉，我用力掃射四周的環境，找尋看似博物館造型的建築，來回走了兩三趟就是找不著。突然李大爺拍拍我的背說：「ㄟ……阿嬌，就在你對面耶！你在發什麼愣！」

哇塞！要是沒有李大爺提醒我，我真的會忽略了這棟毫不起眼的建築物。

THE LADY AT THE BRIDGE
[CHAPTER 45]
Kaoru became friends with the Hachinomiya, one of Genji's younger stepbrothers living with his two daughters in a rustic cottage at Uji. One night late in autumn, Kaoru goes to visit when the prince is out. Through a bamboo fence he glimpses the prince's two beautiful daughters playing the biwa (lute) and the koto (zither) in the moonlight. The elder, in particular, catches his attention.

▲橋姬畫作

▲和服體驗區

▲圖右：光源氏；圖中：明石姬君

平淡中有其可觀之處

　　風俗博物館位於這棟大樓的5樓，搭上鏗鏘作響的電梯上樓後，電梯門一開，竟然是間格外冷清的袖珍型博物館。小小幾坪空間裡設置了一座偌大的模型座台，上方擺飾著《源氏物語》裡六條院貴族的生活點滴。來訪的人數寥寥可數，包含我們在內大約只有三、四個人，大家就這樣靜悄悄地繞著模型台參觀，仔細地端詳著每個被打扮得雍容華貴的人物模型。

　　若是快速瀏覽，大概2分鐘就可以繞完全場；但若是仔細觀賞，可能耗上1、2小時都嫌太少。這裡的氣氛異常寧靜，除了櫃台的兩位服務人員不時發出交頭接耳的聲音之外，參觀的人大多一片靜悄悄。李大爺顧著用相機捕捉各個橋段的

▲六条院內生活景象

▲六条院內生活景象

▲和服體驗區

人物及場景，而我則仔細地閱讀著說明牌上的文字。其中最引人注目的一個畫面是，紫上及光源氏坐於兩旁，夾於中間的明石姬君任性嘟著嘴巴趴坐在桌子前。這個畫面讓我印象深刻，活像栩栩如生的真實情節呈現在眼前，腦中也不停閃過一幕幕小說中所描繪的場景。或許回去後，再翻一次《源氏物語》又會有更深的感悟。

「走吧！我們去體驗試穿和服。」李大爺很有勁的跑來嚷嚷。

說也奇怪，這傢伙對於歷史還真是熱中。就連平淡無味的風俗博物館也可以在他心中燃起熊熊烈火，連本來對此地毫無興趣的我，也不自覺地被他的熱情給感染。原來，風俗博物館也可以玩得如此的自得其樂，甚至還能在這裡來場變裝遊戲呢！

變裝走入平安時代

館內有個小房間提供平安時代的服裝，讓來參觀的遊客可以盡情體驗平安時代的貴族衣裳。折疊得相當整齊的和服就這樣靜靜被擺放在木質地板上，旁邊也沒有任何解說牌告訴你如何穿搭，只好隨興拿起兩件順眼、顏色搭配合宜的衣裝就往身上套。第一次看到李大爺如此認真地幫我打扮，先套上橘色內襯，再披上第二層繡有紅色圖騰的外罩，仔細地將布料拉扯整齊後，他走遠幾步回頭看看我，又走回來幫我整理一頭亂髮，順手從地上拾起一束假花遞給我，而我就像是小孩子般的乖巧，靜靜待在原地一動也不動，任由他擺布，但心裡卻是暗自竊喜著：「這傢伙還挺細心的呢！」

▲六条院內生活景象

▲六条院內生活景象

　　縱使李大爺覺得他已經把我打扮得很得體了，但路過房間的日本老婆婆還是看不太下去，索性脫了鞋吃緊地跨上台階來幫我打理，搞得我有點羞澀難堪。透過經驗老道的老婆婆打理過後，感覺又是煥然一新，連站在一旁的老伯伯也不禁抖著嘴角說：「真是太美了呀！」臉紅的我急忙連聲道謝。

　　就在拍攝完畢準備起身離開時，突然又來了一位中年男子，主動說要幫我們兩位拍張穿和服的合照。他以熟練的手法幫我們兩人重新定裝，李大爺穿起平安時代的衣裳，戴著烏紗帽的模樣，看來頗有幾分文人素養；而素顏的我，則因為少了些胭脂點綴而稍嫌遜色。我們倆非常配合的站在原地不動，男子走遠幾步端詳，又走回拉拉那糾結在一塊兒的裙擺，調整了一下李大爺的烏紗帽，終於拍拍雙手說道：「這樣就很完美了，來吧！你們兩位盤坐在地板上，我來幫你們拍照留念吧！」

　　就這樣，我們免費獲得了珍貴的偽光源氏與偽紫上的合照一張！

風俗博物館（2010年12月1日開始為期一年半的休館）

交通：從京都車站前搭乘市巴士9號，在西本願寺前下車，步行約2分鐘
門票：400日幣
開放時間：9:00～17:00
休日：周日、國定假日，以及盆蘭節8月13～17日、展覽交替期間6月
　　　1～30日、12月1日至隔年1月6日
網址：http://www.iz2.or.jp/

尋找童年的回憶‧涉成園

「如果可以回到童年時光，不知道該有多好！」走在街上，心裡如
是想著。在京都街頭，時常可以看到許多面積不大的社區小公園，裡頭
有簡單的遊戲設備，石造滑梯、隨風擺動的鞦韆，偶爾也會擺上幾隻孤
伶伶的單槓。而我常會被如此的情境吸引過去，坐在鞦韆上恣意的盪啊
盪的，找回僅存的童年餘溫。

或許跟旅行主題一點關係都沒有，但就是忍不住想停下腳步來……。

「你小時候喜歡玩盪鞦韆嗎？」

「不怎麼喜歡。」李大爺興趣缺缺的回應著。

「日劇時常會出現這樣的畫面吶！男女主角偶爾肩並肩地坐在長椅上
聊天，偶爾盪盪鞦韆談著那純純的戀愛……感覺很美。」我邊盪邊說著。

小時候盪鞦韆，單純只是覺得好玩，無視於父母親的叮嚀，而做出越

▲涉成園十三景之一‧侵雪橋 　　　　　　　　　　　　　　　　▲多面的秋楓

矩的行為，心裡總有些莫名的成就感。現在長大了，似乎
可以理解父母親心中的擔憂，這個遊戲看似平凡但確實危
險，不過這種懸在半空中的感覺，還真可以短暫地將大人
世界的煩惱與憂愁全都拋開。

▲京都街頭小公園

　　旅途中，不經意地被其他事物干擾而停下腳步，是
常有的事。不過，過於貪玩的下場，也讓我們大大延遲了後面的行程。

一種輕鬆自在感

　　涉成園的內部就像是一座天然的人工造景庭園，既然都說是人工了，又何來
天然呢？絕對不是因為我的心還遺留在方才的鞦韆上而胡言亂語，這裡的一花一

木、一景一物都是出自於人工建造而成，卻又融洽的與大自然合為一體。花花草草、小橋、流水、日式屋舍，還有一大片的池子裡飼養著朝氣蓬勃的肥美鯉魚，一切的景象彷彿是渾然天成般，讓人不禁忘了眼前的景物都是由人工所刻意塑造而成的。

　　依照慣例，拿著館方給的精美簡介，我繞著庭園走了一圈。我駐足在小溪邊，看著潺潺流動的溪水，偶爾會瞥見幾隻小魚優游而過，很想伸手浸入清澈冰涼的溪水中觸摸牠們，但又害怕牠們因此倉皇逃生，於是作罷。就這樣靜靜蹲坐在溪邊，若有所思的盯著溪面發呆，想像著如此仿效他人，是否也可以悟出什麼人生大道理來。

　　一回神，發現身旁多了個小妹妹，她可沒我想的那麼多，天真浪漫的捲起了袖子，好似天不怕地不怕的將兩手浸入溪水中，大刺刺的撈起活魚來。我在一旁盯著她看，她也不在乎旁人眼光，只管自己開心。「啊！差一點、差一點……」

▲東本願寺別邸・涉成園

「小魚，你不要跑……」充滿稚氣的童音不斷地在我耳邊迴盪。想想剛剛在濯鞦韆時，我不也找回了點點的童年回憶，就是這種感覺，好輕鬆、好自在。我不禁嘴角上揚莞爾一笑……。

起身離開，仰頭向上，在這裡似乎看不見秋天的蕭瑟。看見的是青蔥茂盛的綠樹。我心想，如果我是夏天來到這兒，或許可以在此耗上一整天，聽聽溪水蟲鳴交織而成的天然樂聲，鐵定可以達到完全放鬆的效果。

著名的十三景

仔細看看涉成園的案內圖，便會發現這裡的命名是如此耐人尋味，讓人想要探究這些名字究竟從何而來？因何而命名？涉成園最為著名的即是它的十三景，若要我形容看到的景象，或許我會如此下筆（或許有些漏網景象，來不及一一的

▲涉成園十三景之一‧印月池

▲多面的秋楓

贅述）：

　　跨過侵雪橋，會來到縮遠亭，它孤立於印月池中，從這兒可以看到矗立於池中的源融之塔。在這座小島上，還有特別的五松塢，看似是由五根交集而成的樹幹纏繞而成的一棵松樹。登高至縮遠亭上，從這兒俯瞰印月池更是美麗，也可以看到立於對岸的臥龍堂。穿越迴棹廊，右側有架設妥當的藤棚，這裡俗稱為紫藤岸，可惜季節不對，無法親眼目睹紫藤花如同瀑布般垂在岸邊的景象。最後沿著丹楓溪走，這裡就如同紅葉步道般，在秋天時節來到這兒準沒錯。就這樣，我們繞回了印月池畔，坐在岸邊看著成群的鯉魚爭搶食物的畫面，牠們賣力地往上跳躍，張大那肥厚的魚嘴，面孔則猙獰得令人害怕。轉身一瞧，我身後多了幾位坐著輪椅，趁著好天氣出來曬曬太陽的婆婆們，她們也跟著我一起觀賞著眼前這一幕幕鯉魚搶食的景象，不禁也跟著發出了讚嘆聲。

　　接近傍晚時分，我們離開了涉成園。心裡還留戀著那些令人咀嚼玩味的美麗名字。侵雪橋啊！印月池啊！丹楓溪……。

涉成園

交通：搭乘市巴士17、205號，於河原町正面下車，步行約3分鐘
門票：500日幣
開放時間：9:00～16:00（售票至15:30）

▲涉成園十三景之一·源融之塔

▼涉成園·剪影

▲與老婆婆們一同觀賞鯉魚搶食的景象

▼多面的秋楓

源氏

夢

（ゆめ）

回廊

夜晚的清水舞台・清水寺

　　每每來到清水寺，總喜歡逗留在清水坂上許久。在這鋪滿懷舊古意的石板路上，有許多吸引人目光的小店，旅人來到此地，常會不經意放慢了速度，似乎想在這古樸而崎嶇的小徑中尋找些什麼。

帶著濃濃京都味的清水燒

　　清水坂的支路中，最著名的就是產寧坂（三年坂）了，沿著產寧坂往下走，連接的二年坂可以抵達高台寺。這一帶被日本政府指定為國家級傳統建築保存區，舊式房屋在這兒突顯了京都特有的風雅。此情此景讓我彷彿回到了孩提時代，和鄰居的幾位死黨在巷弄中奔跑嬉戲的光

▲夜‧清水舞台 ▲清水坂上著名的五重塔

景，里長伯的廣播聲，以及父母親探頭出來呼喊孩子回家吃飯的畫面，都讓人好不懷念！

　　仔細留意身旁經過的小店，每間店都呈現著獨有的風味雅致，這裡最常出現的是販賣清水燒的店。清水燒，有著濃濃的京都味，瓷燒上透露出京都的質樸、京都的雅致、京都的風華歲月。在京都職人細心的琢磨之下，清水燒的紋路、釉色，都是獨一無二的。我喜歡質樸原色的清水燒，平淡中帶點活潑的氣息，最好還有金魚優游其中的畫面，讓人更能感受到無拘無束的慢活姿態。清水燒看似平凡無奇，但仔細探究後，卻又能發現它質樸的外表下，蘊含著拙實又耐人尋味的內在，而這也就像是我為什麼會愛上京都一樣。

▲京丹波‧充滿活力的叫賣聲

▼遊客如織的秋日

▲▼清水燒、漬物專賣店

來京都一定要去清水寺

　　朋友間若是知道你來京都旅遊，肯定會問你有沒有去過清水寺。清水寺無形中變成了京都的代表，它之於京都，就好比永康街之於台北一樣，對外來的遊客有著舉足輕重的地位。而來過京都的遊客，卻不見得都有機會得以在夜間參拜清水寺。而這，可是秋天才有的特權。

　　第一次來到清水寺，由於時間的關係而沒能進入參拜。回到台灣撰寫遊記時非常感慨，懊悔著當初怎麼會做出如此愚昧的決定，只在清水寺的門前像個觀光客似的，照了張到此一遊的照片便匆匆離去。於是，和李大爺約定無論如何一定要再次造訪清水寺。

　　就在某年的秋夜，我們又再度流連忘返於古意的清水坂及產寧坂上。這一天小巷中燈火通明，但空氣中是寧靜的。夜晚的清水寺周邊鮮少聽見遊客喧嘩的笑

鬧聲，遊客們彷彿都駐足於某家店內，靜靜拿著心儀的小玩意反覆玩味著。這次，我沒有花費太多時間停留在這條古道上，一心一意地想趕快衝進清水寺內，站在著名的清水舞台上，夜賞映著造景燈光的通紅秋楓。

除了秋天之外，平日夜晚的清水坂上應該家家戶戶都緊閉著門窗，冷清街道上或許只有幾隻慵懶的貓兒作陪；但今晚的清水坂卻很不一樣，寧靜的街道因為夜間參拜的活動，懸掛著露出微微黃光的燈籠，頓時變得更有生氣。走著走著，清水寺前的赤紅鳥居在燈光照耀下，映入我們的眼簾，遊客們爭相在此卡位拍照，好不熱鬧。這個夜晚，清水寺的天空，出現了一道雷射強光，像是在昭告天下，本日開放夜間參拜。我仰著頭向天上望，似乎在祈禱些什麼，當然不是什麼世界和平的蠢願望，僅單純的冀望時間不要稍縱即逝，讓我有大把的時光可以好好瀏覽這片不可多得的美景。

▲二、三年坂‧裝扮得維妙維肖的藝妓

秋夜的清水舞台

據說觸摸清水寺的大黑神就能心想事成、帶來好運，也難怪大黑神前擠滿了大批人潮。遊客們的表情，似乎透露出說什麼也要摸到才甘願的心情，競相墊著腳尖、伸長著手，死命撐起全身的重量，就算是掠過一下也開心。

走到奧之院，從這個角度眺望清水舞台，雷射強光把清水舞台點綴得閃閃發亮，黑幕之中，就屬這座舞台最亮眼、最出色了。從這裡看出去的景色再好不

過，我獨自站在奧之院，觀賞著眼前靜謐的楓葉林，腦海中不斷浮現出「秋瑟」兩個字。雖然此時遊客甚多，但大多數從我身旁擦身而過的人們，都是輕聲細語的交談著，無形中，彷彿只有冰冷的空氣與我相伴，心裡不由得感到有些微的寂寥。

有些人不喜歡秋天，因為秋天引人惆悵，但秋天卻是我的最愛。我喜歡這樣慵懶的天氣，清涼又不帶有寒意，有溫暖的太陽又不刺眼，有努力綻放的楓紅可以欣賞，又有飄落滿地的枯楓點綴著呆板無趣的人行步道。要不是秋天，也沒有機會能夠在夜晚來到清水寺，更沒機會能夠目睹這閃閃發光的清水舞台。

再繼續往前走，突然間行走的隊伍停滯不前，原來是大家站在「音羽之滝」前，拿起水勺接起汨汨竄流的清水，冰涼而爽口的泉水是日本十大名泉之首。「喝一口吧！」我在李大

▲清水寺·音羽之滝

爺耳邊慫恿著，喝下它，據說可以帶來好運，可以求得身體健康、平安順遂。

緩緩的步出清水寺，此時清水坂上的人潮早已散去，我們悠哉的漫步在這條石板路上。當所有店家都關上門時的清水坂，才是它平日夜晚真正的模樣。而它，依舊散發著濃厚的質樸京味。

清水寺

交通：搭乘市巴士100、206號，在五条坂下車，步行約10分鐘
門票：院內免費，本堂（清水舞台）300日幣
開放時間：6:00～18:00
網址：http://www.kiyomizudera.or.jp/

通往地獄的入口・六道珍皇寺

　　李大爺今兒個說要帶我去一個可以通往地獄入口的寺廟，我嚇壞了，直呼不敢去。這樣的景點應該鮮少會有旅人特地前來，但就地理位置來看，它竟然與名聲響亮、遊客如織的清水寺相距不遠呢！不過它的名氣確實不大，就連道地的京都人都不見得聽過呢！

　　打算從寧寧之道沿著人聲鼎沸的二、三年坂而上，再順著清水坂而下，一路散步至六道珍皇寺。這天的二年坂步道被人潮擠得水洩不通，沿路的每家小店也都充塞著上門的遊客，有些知名餐廳的排隊人潮甚至都已貫穿到了石板路上，影響遊客行走的路線。遊客們不知是否會因為眼前這商業化的熱鬧景象而感到高興，還是跟我內心冀望的一樣，希望看到的是一條優雅恬靜的京都小路。

▲木窗裡的景象　　　　　　　　　　　　　　　　　　　　　　▲六道珍皇寺

　　而此刻的我，即將闖入一條據說是飄盪了無數京都冤魂的街道。雖然是豔陽大白天，但冥冥中卻能感受到空氣裡帶了點微涼的寒意，我小心翼翼的踩著步伐，探尋那沉睡千年、罕有人煙、孤寂凋零的陰間通道……。

尋尋覓覓的陰間通道

　　六道珍皇寺所在的這條路上，確實較京都其他景點來得寂靜。住在此地的人家似乎也都不太走出戶外，每幢木屋都緊閉著門扉，只能依飄曬在陽台上的衣物來辨別此屋是否有人居住。在巷弄中的行人大多也都低著頭快速而走，究竟是我多心，抑或是這裡確確實實瀰漫著一股陰沉的氣息呢？真是不解。

▲六道珍皇寺旁專賣幽靈子育飴的小店

「請問六道珍皇寺怎麼走?」指著地圖上的位置詢問店家。

「六道珍皇寺啊?沒聽過耶……」店家毫不猶豫的回答著。

「你確定是在清水寺附近嗎?」我盤問著李大爺。

「是啊!地圖上明明就標示得很清楚,怎麼會找不到咧?」

就在這羊腸小徑中,我們迷路了。

這時的氣氛著實令人焦慮,來來回回的在巷弄中奔走,依循著地圖上的指示卻總是找不著。拉了個在巷弄中指揮交通的阿伯問道:「請問六道珍皇寺怎麼走?」阿伯一臉鐵青急忙搖頭表示不是很清楚,還指引我們走到了錯誤的目的地。我們就在那阿伯面前來來回回了不知多少遍,後來好不容易在一條無人的小巷弄中,誤打誤撞發現了六道珍皇寺的後門,繞著圍牆走,終於來到了正門處。就因為接連問了好幾位路人,大家都回答沒聽過;心想,是大家不敢承認有這間寺廟,還是要有什麼特異功能的人士才能看見這間寺廟;這讓膽怯的我又多了幾分惶恐,要踏進去時還深深吸了一口氣。

人間與冥界的交界點

六道珍皇寺裡供奉著閻羅王與小野篁卿。小野篁生前原為平安時代的官人,因為字寫得漂亮而被閻羅王看中,挑來作為身旁的書記官。寺內確實有口井,也就是傳說中小野篁每晚通往地獄替閻羅王辦事的入口通道,但現在無法靠近,只能透過小木窗探頭窺看。究竟是口枯井,或是活井,也就不得而知了。

李大爺接著對我說了這裡流傳了千年的歷史故事。相傳在平安時期,沒錢的平民於死後都會被葬在京都南方羅城門外的亂葬崗,而貴族人士則被安置於清水

▲從小木窗窺看那神祕的「地獄入口」

▲閻羅大王木座像

寺一帶的寺廟內。因此，京都的東邊自古以來都是埋葬往生者的地方，所有死去的人都會被運送至此地，過了這裡即是陰曹地府。而送葬隊伍的終點即是六道珍皇寺（古稱愛宕寺，京都人俗稱六道入口），過了六道珍皇寺後，大體即由僧人或殯葬業者接手，而六道珍皇寺就因此有了人間與冥界交界點的封號。

而今我們立足的現址，或許還殘留著千年以前的鬼魂氣味，那些陷入愛恨交織含恨而死的源氏女角們、壯志未酬戰死於沙場的義勇壯士，甚至是那些立下豐功偉業、布武天下的將軍武家……他們的魂魄說不定還飄散在六道珍皇寺周遭的空氣中，甚至有些魂魄或許還找不到回家的路呢！

李大爺說著說著的當兒，我身上的汗毛都豎立了起來。雖然白天不做虧心事，半夜不怕鬼敲門，但自從讀過夢枕貘的《陰陽師》之後，對於當時流行的這些江湖妖派，便覺得似乎真的煞有其事。這些民間謠傳不知是真是假，但歷史不就是以假亂真，是真是假或許也就不那麼值得被探討了。

眼前小小的六道珍皇寺，其背後的故事果真令人玩味啊！

六道珍皇寺

地址：京都府京都市東山区大和大路通四条下ル4丁目小松町595
交通：從清水寺步行約10分鐘
門票：免費

私京都・洛西

源氏  回廊

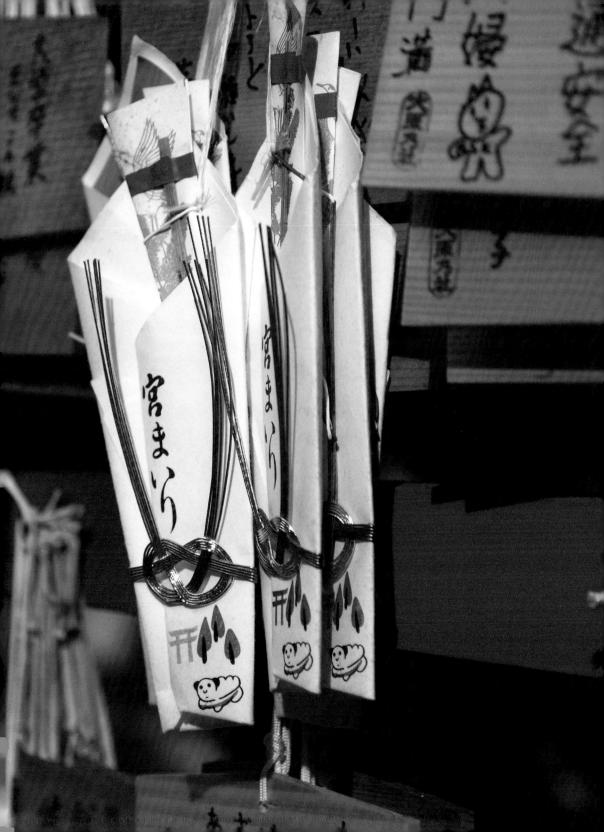

噓，別把米店的老闆娘吵醒了‧大覺寺

嵯峨嵐山，這個地區的時空背景與《源氏物語》也大大的有關係。通常，到嵐山的旅人會選擇搭乘小火車來到龜岡，再由龜岡搭乘船舶順流而下，沿途欣賞保津川周遭的美景。由京都市中心搭著火車直搗嵯峨嵐山，一出車站，這裡的光景彷彿又比京都更古色古香了。眼前所及幾乎都是兩層樓的樓房，門前有花園、車庫，偶爾還可以看到幾隻懵懂的小雞在路上奔跑，不時可聽見鳥叫蟲鳴。啊！這不就是許多都市人夢寐以求的愜意生活嗎？

▲大覺寺‧宸殿

▲大覺寺一景

令人懷念的傳統米店

　　往大覺寺的路上，我們恣意悠遊於鄉間小徑，眼尖的我，瞥見小巷中隱藏著一間傳統米店，這是我們這個年紀鮮少看到的。記得小時候，家裡面吃的米可都是爺爺、奶奶親手所栽種。那時，親戚們大夥兒會一同聚在三合院前，大人坐在打穀機前打穀，小孩們玩在一塊兒，大家齊聚享受豐收的喜悅。現在看到這家米店，勾起了心中不少回憶，心裡格外溫暖。

▲傳統米店

　　我站在門口打量許久，真希望老闆可以讓我拍攝這傳統米店的珍貴畫面，如果可以的話，我希望坐在打穀機前，回味兒時的記憶。於是，悄悄的走進店裡，探了探頭，發現掌管本店的歐巴桑正以非常純熟的完美姿勢打著盹，似乎睡得非常香甜。唉！心中有些許落寞，但我也不想破壞她那美麗的白日夢，只好作罷，朝我的目的地繼續前進。

心靈頓時獲得撫慰

　　時值秋分，路上紅通通的楓葉，把秋天的蕭瑟感一掃而去。沿途的路旁豎立著許多大覺寺門跡的石碑，彷彿從嵯峨嵐山站一出站，我們就已經不知不覺踏進了嵯峨御所的界線裡。遠遠的，我隱約看見鋪滿了白色碎石子的表參道，靜謐中帶點莊嚴氣味的大覺寺，來訪的人潮竟是絡繹不絕呢！我快步向前，想趕在這一大批人群占領此地前先睹為快。到達了購票處，我依照慣例脫下布鞋，就這樣，我們大搖大擺地走進了嵯峨御所。

　　走進殿內，空氣中散布著些許涼意。待在這木造的佛殿裡，整個人的心情似乎也跟著沉靜了下來。大覺寺自古以來即以《般若心經》本山自居，要替世人消災

▲大覺寺・表参道

解厄，來到這裡，我用力吸進了能讓人卸下煩憂的空氣，而整個人就如同被釋放般的輕鬆自在。在殿內，我獲得了一枚《般若心經》御守，這是「源氏物語千年紀」活動的小禮物，拿在手裡，心裡格外興奮，祈求它可以帶給我健康及幸福。

　　殿內就如同大河劇裡的場景般，可以任意穿梭在各個小房間裡。層層華麗的屏風後面，似乎隱藏著流傳了千年的故事。我小心翼翼的在各個小房間裡徘徊，而門外中庭的庭園風景卻吸引了我的目光，我坐在一旁的小板凳上，仔細地看著這一片翠綠小樹，樹叢中竄出了幾株陪襯的小紅花。此時，原本焦躁不安的心，頓時得到了安慰。

秋天並不蕭瑟

　　穿過小迴廊，我們來到了宸殿。秋日時節在宸殿前方正舉辦著非常有名的嵯峨菊展。這裡的菊花和一般的菊花迥然不同，嵯峨菊是嵯峨天皇統治期間受到愛戴的皇家植物，它是在大覺池裡土生土長的獨特野菊，有著王朝皇室的優越氣品，透過「天、地、人」的微妙配置而突顯出它的高超格調，也因此在秋日時節，吸引了許多同好中人前來參觀。嵯峨菊的外觀與我們一般認知的菊花長得不盡相同，它的花瓣如同針狀，也有人說像是茶具裡的刷子，顏色多采多姿，盛開時的畫面也確實會讓人如癡如醉。

▲大覺池畔

走近大覺池畔，這
裡據說是仿照中國的洞
庭湖建造而成，中秋月
圓時在此處會舉辦登船
觀月的活動。這個習俗
也是從嵯峨天皇時期就
流傳至今，大覺池裡會
出現一艘具中國風的龍
舟，在船裡擺設幾張茶
桌椅，伴隨著悠揚的琴

▲大覺池畔・乾枯的蓮藕

聲，一同在此賞月作樂。我們雖然錯過了這個時機，無緣坐在龍舟上賞月，但在
秋楓盛開的時節來到嵯峨御所，似乎更能親身體會這裡讓人著迷之處。站在大覺
池畔，看著池子裡寂寞乾枯的蓮藕，還有幾片紅葉作陪，似乎不覺得孤單，也讓
我深深感受到，秋天其實並不蕭瑟，只是人心作祟，營造出寂寥的假象罷了！

大覺寺

交通：搭乘JR嵯峨野線，於嵯峨嵐山車站下車，步行約15分鐘
門票：500日幣
開放時間：9:00～17:00（售票至16:30），無休
網址：http://www.daikakuji.or.jp/

據說是光源氏的別墅・清涼寺

　　從大覺寺徒步來到清涼寺大約十來分鐘路程。在嵐山這個地區，大可選擇以徒步漫遊的方式來旅行，漫步在鄉間小路，走過矮小民舍，穿過學堂與放課後的學童擦身而過。那攀附在紅磚圍牆上伸懶腰的貓兒好像在跟你打招呼，趾高氣揚的狗兒也毫無敵意的從你身旁走過，突然覺得這個地方好和善，所有的人事物也好，景象也好，都非常平和的共處在一起。

　　走在鄉間小路上，心頭不免會勾起許多記憶。心裡想著：「走過那麼多地方，最終還是會回到最初的原味。」也許是在都市居住久了，難免會懷念起小時候在鄉下的生活。雖然都市生活方便，交通發達，資訊也快速地流竄著，但就缺乏了一種溫熱的情感。相較之下，鄉下的生活

▲清涼寺‧本殿

▲清涼寺‧在旅途中留個記憶

固然不便，但人與人的情感交流卻更加緊密融洽，你會擁有大批的街坊鄰居，走在路上，不時會有人與你揮手打聲招呼；街頭轉角的雜貨店，或許沒有7-11便利，但買個柴米油鹽還可貪到幾塊便宜呢！如此交織而成的情感，只有身處鄉下的人才可以深刻體會到。這也是為什麼我捨棄了繁華東京，而選擇愛上了質樸京都的原因。

寺內供奉釋迦如來

　　就這樣，我們來到了光源氏的別墅。這座建築物相傳是嵯峨天皇之子源融的別墅，後人推測，源融即是紫式部撰寫《源氏物語》書中的主人公──光源氏，

清涼寺・弁天堂

▲清涼寺殿內一景

因此大膽的假設此地即是主人公光源氏在嵐山的別墅。經過千年，無數次的更名及整建，目前本殿內供奉著日本三如來之一的釋迦如來像。

　　走入清涼寺，會在入口不遠處瞧見一幢由簡陋屋瓦所搭建的小涼亭，這裡有口石井，汩汩而流的冰鎮清水讓遊客得以淨淨身，這是日本傳統寺廟的習俗。拿起細長的竹勺子，輕輕舀起一瓢水，左右手來回盥洗一次，有些遊客甚至會舀起來喝，但我倒是沒有嘗試過，不過在一旁觀察他們的臉部表情，感覺倒是挺清涼可口的。咦……莫非，這就是清涼寺的由來嗎（我亂瞎猜）？

　　步入殿堂，感覺殿堂裡有點幽暗，再加上沒有多餘的色彩裝飾，顯得有股陰森的感覺。販賣紀念品的櫃子就灑脫地橫放在本殿中，鋪上簡單的大紅色桌布，三層簡陋的木板上堆放著各式各樣的御守及佛經，供遊客挑選。

　　本殿供奉的釋迦如來立像，由於年代久遠被醺得有點略帶古銅金，也因此清涼寺又有了「嵯峨釋迦堂」的別名。抬頭仰望天頂，屋頂上少了絢麗的色彩，深暗的古木道出了這幢建物的久遠歷史。原來，清涼寺草創初期的本名原為棲霞

寺，是從中國宋朝供請這尊釋迦佛像入住後，才更名為嵯峨釋迦堂。至於為何現在命名為清涼寺，則更是我所好奇的事了。

美景隨手可拾

進入了清涼寺的庭園參觀，徘徊在迴廊上，眺望池中被成群楓紅包圍的弁天堂，我不知不覺駐足不前，依傍著一旁的木欄，突然間開不了口，也走不動了。心裡想著，京都的美景似乎隨手可拾，哪怕只是路旁的行道樹，在春秋分時節肯定也是緋櫻飄飄、枯楓滿地，在自己的國家若是要賞個楓，還得耗上幾個小時驅車前往深山才能實現。在京都，俯首皆是啊！

京都人喜歡賞楓，而旅人更是喜歡在紅葉盛開的時節來到京都旅遊。清涼寺的楓葉或許沒有賞楓名所東福寺來得有魅力，也或許沒有嵐山保津川那兒來得壯觀精采，但我個人認為它是贏在意境。比起大或多，我反倒是更喜歡小而精緻，小而細緻。清涼寺裡的景象即是如此。站在迴廊上，眼前的弁天堂被紅紅綠綠的楓葉緊緊環繞，僅露出那麼一丁點羞澀的模樣。就這麼一點距離，但感覺它離我好遙遠，只能靜靜佇立在原地欣賞。如果要在旅途中留下些美麗的意境，弁天堂的確是個好地方，至少，到目前為止，我腦海中還清晰烙印著這幅美麗的圖畫。

我總習慣在旅途中寫些什麼，看到散落在各個景點的留言簿，總會不由自主的被吸引過去，用自以為正確的姿勢學習人家跪坐在榻榻米上，思考著要在本子上寫點什麼。「我從台灣來，看到眼前交織如畫的庭園美景，期待哪天要再重遊舊地。」試圖翻翻其他人的留言，大家似乎都與我有著相同的默契呢！

清涼寺

交通：搭乘JR嵯峨野線，於嵯峨嵐山車站下車，步行約10分鐘
門票：院內免費，本堂及庭園400日幣
開放時間：9:00～16:00，無休

拜拜野宮大黑天

求姻緣・野宮神社

　　野宮神社的人氣，確實多到讓我有點吃驚。

　　或許是假日又恰逢賞楓時節，來野宮神社參拜的人潮多到把整條竹林參道都擠得水洩不通。在通往野宮神社的參道口，聚集了許多商家，每家店鋪前都排滿人龍，最有人氣的就屬參道路口處的「古都芋本鋪」霜淇淋店了。在稍有涼意的秋天吃上一口抹茶霜淇淋，真的好暢快，我手裡拿著剛到手的霜淇淋，邊走邊舔著它。一路上人力車來來回回吆喝著，人潮也繼續不斷往前推進。在竹林參道上，有些人會選擇搭乘人力車，一方面展示高貴的身分，一方面可以迅速通往目的地，當然車伕也會用心為您講解周圍的環境及歷史故事。

▲遊客如織的野宮神社

▲高聳入天際的竹林參道

竹林參道及黑木鳥居

　　野宮神社最出名的除了它獨特的黑木鳥居之外，當然就是通往神社的竹林參道了。兩旁的圍籬，以及那高聳入天的竹林，圍起了冗長的參道，漫步其中，確實可以感受到那種親臨聖地的神聖氛圍。而野宮神社的黑木鳥居則更採用了日本最古老的鳥居樣式，它利用保留了樹皮的樹木建造而成，不僅保留樹皮，也保留最真實、最原始的風貌。

　　進入野宮神社，最古老的參拜方式是在進入鳥居前先行一鞠躬禮，然後抵達本殿時再行「兩拍手一拜」之禮，在神社內可以四處進行參拜，但最後別忘了撫

▲ 野宮神社‧黑木鳥居

▼ 遊客如織的秋日

▲《源氏物語》御守

▲▼ 境內掛滿祈求好姻緣的繪馬

▲野宮大神

摸一下「野宮大黑天」旁邊的「龜石」，據說會讓你許下的願望成真。在離開鳥居前，也別忘了再回頭行一鞠躬禮。

　　《源氏物語》「賢木」之卷中有提到，野宮神社是六条御息所的暫時居住地。而這六条御息所實為一位恐怖的角色，書中描述她因愛戀光源氏至深，由愛生恨而轉化成厲鬼，詛咒其他與源氏相好的女人——夕顏、葵上、藤壺女御，甚至是紫上都深受其害。平安時期，社會上似乎充斥著不少妖魔鬼怪之說，也有所謂的陰陽師替人消災解厄，趕走那附著於人身上的骯髒魂體。這些毫無科學根據的無稽之談，到現在仍是個不解的謎團。

　　作者紫式部在書中描述了野宮神社著名的竹林參道及黑木鳥居，也因此讓這個景象成為野宮神社千年不變的重要特色。在野宮神社的正殿是祈求健康及智慧的「野宮大神」；正殿的右側是祈求鎮火勝運的「愛宕大神」；左側則有祈求財運亨通及學業進步的「白峰弁財天」、祈求多子多孫多福氣及商業興隆的「白福

稻荷大明神」、締結良緣的「野宮大黑天」⋯⋯等。

來碗香噴噴的湯豆腐

　　我在占地不大的神社內四處閒晃，除了黑木鳥居引人注目之外，我發現「野宮大黑天」的人氣也相當旺盛。日本女生和台灣女生頗為相似，都喜歡求姻緣。身邊不乏許多女性朋友，聽說哪間月老廟相當靈驗，便不遠千里赴當地求取姻緣

▲嵯峨豆腐三忠・湯豆腐

線。靈驗與否,據朋友說,還真的頗有效呢!日本女生似乎也相當著迷於求姻緣
這檔事,因此來野宮神社參拜的多半是結伴而行的女性,站在「野宮大黑天」前
虔誠參拜,並在繪馬上寫下祈願語,最後在架子上找尋個妥當的位置懸掛。或許
這些日本女生不知道台灣正流行著「紅線」這玩意兒,要不然可能會為此飛來台
灣一趟也說不定!

　　在離開參道前,我被一陣飄來的香氣給吸引,霎時肚子咕嚕咕嚕作響,只好
慫恿李大爺陪我一起去尋找這股香氣的來源。這家小攤子位於參道的入口處,是
由一對老夫婦所經營的「嵯峨豆腐三忠」,雖然店面不太起眼,但四散的香氣讓
我一心只想趕緊排隊,買碗豆腐來果腹。我點了京都有名的湯豆腐,以及一碗豆
皮蕎麥麵,不知道是真的太餓了,還是實在好吃,我們竟然沒兩下子就將點來的
食物給嗑個精光,連一滴湯都不剩。原來真正的好味道並不一定要是百年老店,
在平凡的老街上,透過熟練的巧手所創作出來的道地滋味,就是最美的味道。

野宮神社

交通:搭乘JR山陰本線,於嵯峨嵐山車站下車,步行約10分鐘
門票:免費
開放時間:自由參觀
網址:http://www.nonomiya.com

令人銷魂的可樂餅‧渡月橋

　　前往渡月橋前，嵐山這條幾米寬的道路上商店林立。商店前，老闆
們用盡了吃奶的力氣，努力吆喝顧客上門。眼尖的我看到了一家排滿人
潮的小吃店，於是趕緊二話不說，飛也似的排入了隊伍末端。喜歡排隊
是日本人千古不變的文化，我佩服他們的耐心與毅力，只要是好吃的、
好看的，他們就算是排上一天的時間也不打緊。

中村屋可樂餅

　　陣陣香味飄散在空氣之中，原來這家店是頗負盛名的「中村屋可樂
餅」，果然排隊的人氣指數代表著一家店的知名度；來日本，跟著人潮

▲渡月橋

▲▼中村屋可樂餅

　　走準沒錯！拿著熱騰騰的可樂餅，我小心
翼翼地品嘗嵐山道地的名物。濃濃的洋芋
與碎肉搗成的內餡，再裹上麵衣油炸，咬
下會有喀吱喀吱作響的酥脆口感，真的好
夢幻、好銷魂……。

　　「我可以再去買一個嗎？拜託、拜
託……」

　　「你很貪吃耶！」李大爺不屑的嘲笑我。

　　「難得吃到這麼好吃又順口的名產嘛……多吃一個又無妨！」我嘴裡咕
噥著。

71

▲桂川・點點的藍色小舟

　　話說李大爺這時早已放棄了我這個貪戀可樂餅的餓死鬼，獨自往渡月橋的方向走去了。唉！但我的心還停留在中村屋前耶！不管、不管了，與其站在原地與自己天人交戰，不如馬上衝去排隊還比較實際。於是乎，我拿著熱騰騰的第二個可樂餅，飛也似的奔向了已在渡月橋畔的李大爺身邊！

　　坐在渡月橋旁，靜靜品嘗這得來不易的美食，也順道欣賞了眼前這片美麗的景色。渡月橋不僅可以看到嵐山的悠然之美，而且橋的名稱也是迷人至極！橋的命名由來可是有著浪漫的傳說喔！據說是因為此橋有如彎彎的月亮橫跨在河水上，宛若跨過此橋就能抵達月亮的另一端而得名。在大堰川上散布著許多藍色船身的小木舟，有些是家人、有些是情侶、有些是三五好友相約來此划船。坐在河畔，耳邊相繼傳來歡樂的嬉鬧聲；看來，到嵐山的朋友們，大家都非常地融入在這片好山好水的景色當中。

▲渡月橋前的商店街

愛情故事往往發生在橋上

　　我安分地端坐在河邊，看著橋上熙來攘往的人們，有些人站在橋上，抬頭望著彷彿近在咫尺的紅色楓林，也有人靜靜低著頭，打探著湍湍河水中是否有跳動的小魚兒身影。而我心裡則想著，渡月橋擁有如此浪漫的名字，或許在此地也曾經有段淒美的愛情故事才是。

　　橋，是交通上聯繫兩地的重要通道。而歷史上，許許多多的淒美故事似乎也都發生在橋上，諸如年輕的婦人總是會走到橋邊，等待著遠赴戰場的良人歸來。《源氏物語》裡，浮舟為情所困而在宇治橋上投河自盡；而渡月橋，這兒是否也曾經發生過淒美浪漫的愛情故事呢？或許在當時，也曾經有彼此相愛卻遭家人反對的男女，在明月高掛的黑夜裡，相約在渡月橋下，或許私奔，也或許是消極的投河自盡。這樣的故事情節，似乎更襯托了「渡月橋」這個名字，也讓此地多了一份神祕感。

　　夜黑了，嵐山這一帶也逐漸沉靜下來。這裡確實是京都的世外桃源，有山有水，也有許多歷經千年的古剎，有古色古香的街道風情，還有溫暖的人情味及好吃的可樂餅。如果有閒，或許可以租輛單車，恣意在這兒閒晃，或看或停，皆掌握在自己的手裡；也或許可以坐上人力車，讓揮汗但不失帥氣的車伕為你導覽嵐山各處的景點；也或許可以像我們一樣，徒步漫遊，從早到晚，在渡月橋上劃下完美的句點。

有老奶奶相伴的路上不孤單．

大原野神社

「從京都的大宮站搭上阪急電鐵來到東向日，再轉搭65路巴士到南向日町，下車後再走個10分鐘就會抵達大原野神社了。」行程表上詳盡的如是寫著。但事情似乎不如想像中順利，旅程中總會出其不意發生令人手足無措的事，不過，這似乎也是旅程中一段值得令人留下深刻印象的回憶。

跳上巴士去冒險

中午時分，我們順利抵達了阪急電鐵的東向日站，出站後，眼前就是巴士亭。前往大原野神社的巴士只有一班，班次少之又少，若是沒有

▲大原野神社前

◀大原野小學校前・迷途的開始

算好抵達的時間，可是要在這冷清的火車站外發呆1小時以上，而這也正好是我們今天所遭遇的困境，因為才剛到車站，就發現原本預計搭乘的65路巴士剛好開走。在巴士告示牌上看了又看，發現63路巴士行駛的路線有經過大原野神社附近的「大原野小學校前」，只是下車後還需要走0.8公里才會抵達南向日町站。

「沒關係吧！走一段路運動一下嘛……」看著告示牌的李大爺說著。

「好吧！與其在這裡發呆，不如就搭上巴士去冒險吧！」

「不過，我不確定等等下車的地點，而且我也沒有地圖喔！」

「啊……那迷路怎麼辦？」

話還沒說完，63路巴士已緩緩駛進了巴士亭，糊里糊塗的兩個人，就這樣毫不猶豫的跳上了車。一路上巴士在民宅小徑中彎來彎去，我們緊盯著車上張貼的

停靠站表，在經過了十幾分鐘的路程之後，終於抵達了「大原野小學校前」。拿著行程表，我一邊投幣，一邊詢問司機：「請問到大原野神社怎麼走？」語畢，司機還沒回答我的問題前，竟然先教訓了我們一番……。

「我車子還沒有停妥之前，不可以離開座位喔！了解嗎？」

▲翱翔天際的飛行傘

「喔……不好意思，下次我們會注意的！」我急忙低頭道歉。

「等等就往前走，會遇到一條岔路，那邊左轉……就會有路標了。」

急忙道謝的我，帶著滿腹的疑惑下車。就這樣，我們被丟在這一望無際的荒野小徑上。約莫往前走了10分鐘，越走越覺得不妥，感覺路的盡頭是一陣陣炊煙瀰漫的枯黃稻田區，再加上聽到了幾聲狗兒的咆哮聲，心裡越來越不踏實，讓我們覺得好像誤闖了禁區，於是趕緊調頭再往回走了十幾分鐘，越過了下車處的巴士亭不久後，結果在反方向的一段岔路上方看到了斗大的路標，指引著大原野神社的方向，這才讓我鬆了一口氣！

一路上有熱心的老奶奶相伴

沿著路標走，心裡果然踏實許多。一路上沒有其他的路人，只見偶然出來曬曬衣服的老婆婆，還有在田裡忙著除草的農婦，整個村落似乎就只有我們兩個外

▲有老奶奶相伴的路上不孤單

地人。走著走著，後方傳來微微顫抖的問候語……。

「你好啊！你們要去哪裡呢？」一位年約八十的老奶奶親切的問候著。

「你好！我要去大原野神社……」

「我也是耶！那我們一起走吧！」

這位熱心的老奶奶，讓我毫不猶豫的相信她，一路上也很熱絡的與她交談。這時候我已經顧不得一直在我身後拍照的李大爺了，我敞開心扉，專心與老奶奶攀談著。

「你們是哪裡來的啊？怎麼會知道大原野神社呢？」

「我們是從台灣來的，因為看了《源氏物語》才知道這個地方。」

「哇！你們比日本人還要了解，還要喜歡日本歷史耶！真是太厲害了。」

聽到了我的回答，老奶奶表現出一臉訝異的表情，不斷稱讚著我們兩個體力好，可以四處去旅行，替我們感到很開心！一路上老奶奶試圖跟我說些什麼，不過山坡路對她的體力負荷或許有點沉重，氣喘吁吁的語調讓我聽不是很懂她所要表達的意思。就在她拉著我停在田園邊，手指著天空上自由翱翔的飛行傘時，我才恍然大悟，原來她要我好好欣賞這她已經好幾年不曾見到的景象。她嘴裡說著：「我每個禮拜都會上山來大原野神社參拜，以前體力好，可以從山下的家慢慢走上山來；現在老了，體力大不如前，只能搭巴士到山上再走一小段路。好幾年不曾在這裡看到飛行傘，今天遇到你，連運氣都好了起來。咻……你看，他們飛來飛去的多麼自在啊！」

仔細聆聽著老奶奶講的每一句話，與她話家常，最後在大原野神社的門口道別。看著她孤零零的背影走在大原野神社的參道，背影中透露著絲絲落寞與惆悵。是不是人老了之後，孤獨一人就變成了理所當然的事呢？

▲大原野神社・表參道

「春日造」建築

　　大原野神社，或許聽過的人少之又少，也鮮少有人會特地前來。要不是拜《源氏物語》的關係，我想這輩子或許永遠都不會來到這個地處鄉野的偏僻神社。路旁的景象除了田野之外，依舊是田野，要不是老奶奶上前攀談，這兒還真的會寧靜到令人感到孤寂。

　　神社的參道上依舊寂靜得很，踩在碎石路上，窸窸窣窣的聲響讓我格外地小心翼翼。雖然要來這兒前有上網查過資料，也看過了許多圖片，但這個地方之於我依舊是陌生的。官方網站上特別介紹了大原野神舍前的「春日乃茶屋」，實地走訪時，映入眼簾的是間看似歇業已久的木造房舍，旁邊還有座漂浮著枯爛荷葉的鯉澤池。若是時間足夠的話，我想我會在秋高氣爽的季節裡，在這兒喝杯熱呼呼的抹茶，享受一下眼前這片殘缺的自然景象。

▲ 大原野神社之

▼ 高齡四百五十年的神木，據說抱著它會帶來好運

▲ 春日乃茶屋

▼ 鯉澤

據說，大原野神社是仿造奈良春日大社所建。走過如此多的神社寺廟，從來就不曾發現原來神社的建築形式有這麼多種。大原野神社屬於「春日造」的建築，春日造是在神社的建築中加入了較多曲線和色彩的建築樣式。

當然除了春日造之外，更為著名的是伊勢神宮的「神明造」、出雲大社的「大社造」。在屋頂結構上的設計巧妙，讓一成不變的神社也存在著耐人尋味的一面。除了這項建築風格仿造奈良春日大社之外，殿前的階梯兩側是鎮守本殿的石鹿雕像，這亦讓人聯想到奈良。而我腦中閃過的思緒卻是萬城目學《鹿男》裡的情節，

▲鎮守本殿的石鹿雕像

讓我不敢多看石鹿一眼，深怕它突然對我眨眨眼，那可就真的會淪落到倉皇逃跑的窘境了。

在參道上，再次與老奶奶相遇。她急忙走過來說道：「本殿旁有棵四百五十年歷史的大樹喔！我每次來都會去抱抱它，它會帶給你好運及幸福喔！」說完，她帶著爽朗的笑聲離開了，而我則向大樹的方向走去。我想，這次和老奶奶說再見應該就是真的永別了。謝謝你！帶給我無限回憶的老奶奶。

大原野神社

交通：搭乘阪急電鐵京都線於東向日站下車，轉搭阪急巴士於南春日町站
　　　下車，步行約10分鐘
門票：免費
開放時間：院內自由參觀
網址：http://oharano-jinja.jp/

京都《源氏物語》的時空　洛西

私京都・洛南

末摘苑

源氏 夢 (ゆめ) 回廊

別忘了帶張萬円大鈔喔・平等院

　　清晨的雨水把大地整理得晶瑩剔透，空氣中散發著清新自然的味道，感覺所有的人、事、物都經過了雨水洗滌，而露出了乾淨明亮的真實面。古意盎然的街道經過一夜大雨沖洗過後，顯得格外清澈，而石板路上則還殘留著昨夜未乾的雨漬。

鳳凰堂

　　平等院表參道，石板路上商店林立，古老的木造房屋內販售的皆是此地的名產——宇治抹茶，眼睛稍微張大一點，仔細搜尋還可以看到知名的老鋪——伊藤久右衛門。在店員熱情的招呼之下，我上前試喝了一

▲平等院鳳凰堂，倒映在阿字池上的清晰模樣　　　　　　　　　　▲佇立於鳳凰堂屋頂上的鳳凰，真品藏於鳳翔館

杯宇治抹茶，苦澀的口感正是道地抹茶的原始風味。我不懂茶，要買點特別的伴手禮還挺棘手的，還好店家貼心的推出了綜合禮盒，有多種不同風味的茶包，煎茶、玄米茶、抹茶等濃淡口味皆有。

石板路的盡頭即是平等院。入口表門像是剛粉刷過一般，顏色異常鮮豔。雖然擠滿了遊客，但此地卻少了人多時的喧鬧聲，似乎與「人間極樂淨土」的封號不謀而合。穿過表門，沿著半溼的碎石路向前走，映入眼簾的即是佇立在阿字池中央的鳳凰堂。這座古蹟，最特別的就是它屋頂上的兩隻鳳凰，以及供奉在堂內的丈六阿彌陀如來坐像。鳳凰堂矗立在阿字池的中央，就好像是座浮在水面上的寶殿，而它倒映在阿字池上的美麗身影，肯定也迷煞了許多來此觀光的遊客。

池邊，許多遊客都和我做著一樣的動作，那就是拿出萬円大鈔來比對鈔票上

▲宇治茶・伊藤久右衛門

的鳳凰和鳳凰堂上的鳳凰，究竟是不是長得一模一樣（日本萬円鈔票的圖案，乃採用平等院鳳凰堂上的鳳凰所設計）。若是想進入鳳凰堂參觀，得額外購買解說團的導覽門票才可進入，看著爭相排隊的人潮，我們打消了這個念頭，決定靜靜地站在池邊，欣賞它的建築之美。

鳳翔館

目前佇立在鳳凰堂屋頂上的兩隻鳳凰是復刻版本，真品則是被收藏於隔壁的鳳翔館中。這座於2001年落成，有著現代化設計風格的鳳翔館，突兀的被放置在這千年古剎的土地上。不過為了要保護鳳凰堂裡稀奇珍貴的寶物，建造一間具有

▲鳳凰堂・參加導覽團方得進入

防護效果的建築物看來是必須的。

步入鳳翔館，就好像走入海底隧道一般，慢慢往地底下鑽。入口處的牆面上
貼著「禁止攝影」的標籤，李大爺有點不情願的把相機收進包包裡，嘴巴也不停
的嘟嚷著：「又不能拍了……」

鳳翔館最著名的展示就屬那五十一尊雲中供養菩薩像了，雖然認真的看過這
五十一尊菩薩像，但因為沒有照片佐證，遺留在腦海中的記憶也隨著時間流逝而
變得淡薄。我依稀記得這些踩在雲朵上的菩薩像，每一尊都是那麼生動、那麼獨
特，有些手舞足蹈、有些手持樂器、有的則是擺出出家人修道的姿態。搭配著鳳
翔館裡精心設計的燈光效果，更能感受到絲絲神祕的氛圍，也讓這些活靈活現的
菩薩像更增添了幾分朦朧美。

我靜靜的步出鳳翔館，眼睛短時間還無法適應館內外光線的落差，坐在戶外
的休息區小憩片刻後，趕緊起身繼續未完的旅程。

平等院

交通：從京都車站搭JR奈良線，於宇治車站下車，步行約12分鐘
門票：600日幣
開放時間：8:30～17:30（售票至17:15）
網址：http://www.byodoin.or.jp/

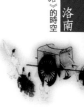

京都《源氏物語》的時空　洛南

抽支神籤碰碰運氣 · 宇治神社

　　宇治，除了有讓人魂牽夢縈的宇治抹茶之外，它也是《源氏物語》最後十帖中的重要舞台；而宇治觀光局也利用了這個特點，順水推舟，將宇治打造成一個以《源氏物語》為主題的觀光小鎮。一路從JR宇治車站開始，不論是海報、路上的圖騰，就連腳下踩的水溝蓋都無一倖免，當局已經把《源氏物語》完完全全的烙印在這塊土地上了。在此地，三兩步就是一座書中提及的人物石像或紀念碑。逛久了，就彷彿進入了時光隧道一般，來到了千年以前的場景。

▲宇治神社前鳥居　　　　　　　　　　　　　　　▲宇治神社內一隅

詩情畫意的橘島

　　宇治川中央是充滿詩情畫意的橘島，這裡的楓葉格外通紅，散落一地的楓葉把橘島鋪得有如星光大道的紅地毯般。在此漫步的人，大多以輕鬆的姿態，時走時停；年邁的老夫妻並肩坐在長椅上吹風談天，真是愜意。當然有更多的旅人來此找尋斑駁的石碑，撥動焦距調整光圈，不斷按下快門。宇治這塊土地，就好像是座故事城，刻劃著歷史的痕跡，對你述說著幾千年前的故事。

▲《源氏物語》神籤　　　　　　　　　▲宇治神社‧七五三詣

　　從橘島跨越朝霧橋，可以輕鬆的橫渡宇治川，下橋後，映入眼簾的即是宇治神社的赤紅鳥居。鳥居下，擺放著被雨水浸溼的「七五三詣」活動看板。在日本，據說初生嬰兒30～100天內要至神社參拜，到了三歲、五歲、七歲時還要再至神社參拜，感謝神的庇佑之恩，並祈求小娃兒能健康成長。來到此地時，我們正巧遇見了一位要來參拜的小女娃，小女娃被打扮得像是要出嫁般，穿著日本傳統的和服，外頭再披上一件大紅外衣，雙頰上兩圈紅通通的腮紅真是惹人憐愛。她在大人們的引導下，一一完成了各項儀式。遊客們競相地與她拍照留念，這識相的小朋友還真是給面子，會擺出熟練的姿態、再加上YA的手勢，好像是經驗老道般，一點也不覺得羞澀。

兩年後再次造訪

　　兩年後的秋天，我們再次來到了宇治神社。它在腦海中的印象，卻是和第一次造訪時完全相同，神社內的擺設、滿身青苔的石獅子雕像，甚至就連「七五三詣」的活動看板也擺放在和兩年前一模一樣的位置。感覺就像是時光凍結，走回了兩年前的光景，唯獨不同的是，此時的我是帶著朝聖的心情來到這裡。因為

▲宇治神社・本殿

《源氏物語》的關係，讓我又再次回到這個熟悉的小鎮，景物依舊，但心境全然不同⋯⋯。

　　宇治神社內供奉的是應神天皇的皇子——菟道稚郎子的木作雕像。據說，紫式部在撰寫《源氏物語》一書時，曾模擬菟道稚郎子來作為浮舟父親「八之宮」的範本。而現今的宇治神社裡，則提供了《源氏物語》的神籤，為民解解情事。大夥兒通常都會付點錢抽支籤碰碰運氣，好一點的是大吉，差一點的是小吉，也可以知道自己是《源氏物語》書中的哪位角色。而我，只敢站在一旁觀看旅人們拆籤時的喜怒哀樂變化，並無勇氣上前抽籤，畢竟書中多數女角色的下場似乎都挺悲慘，要不投河自盡、要不就被妒嫉怨恨纏身致死、還有些剃髮出家為尼。坦白說，我還真不想知道自己會落入哪一種悲慘的命運呢！

宇治神社

交通：從京阪宇治車站，步行約10分鐘
門票：免費
開放時間：自由參觀

聽老伯說故事‧宇治上神社

「這是宇治上神社嗎？」心裡不由得自問。

環看四周散落一地的枯葉，我還是無法說服自己的眼睛。眼前的景象打破了我對世界遺產的原有印象。一直以為世界遺產都得要是廣大壯麗的風景區或建築物才有可能入選，而眼前的這座宇治上神社，若要有更完美的註解，或許應該寫成「最具有原始風貌的神社」較為貼切。

或許打從一開始我就不應該以貌取人，而是要好好深入了解才是。我緩緩走到一幢不起眼的小房舍，看起來像是個地下水道的入口，裡頭有源源不斷湧出的泉水，一旁的石碑上刻著「桐原水」三個字，相傳是宇治七眼名水之一，也是現今唯一僅存的古名泉。走進桐原洞的遊客，大家都非常老練地拿起勺子，隨手舀一瓢冰涼的泉水洗洗手，就像是一

▲世界文化遺產‧宇治上神社　　　　　　　　　　　　　　　▲與熱心解說的老伯伯合影

般進入神社前的淨身一樣。相傳宇治地區在古時候都是引用桐原水來製作宇治茶，但現在水質大不如前，眼前的桐原水已經無法大口生飲了。

熱心解說神社歷史的老伯伯

　　造訪時碰巧是「宇治十帖集印健行」的活動日，身穿宇治觀光協會綠色夾克的歐吉桑雙手閒放在身後，非常輕鬆自在地在境內閒晃。

　　「不好意思，可以為我解說一下宇治上神社的歷史背景嗎？」

　　「當然可以呀！它在1994年與對岸的平等院同時被列入世界遺產的名錄裡，而它也是保存至今日本最古老的神社。本殿裡供奉著應神天皇、菟道稚郎子、仁

德天皇，不過現在只能在覆屋前窺探，無法進入。而前方的拜殿，裡面的空間配置保持了平安時代的住宅樣式，算是京都市內最珍貴的古老建築了……」解說的伯伯操著穩健的口吻，非常專業、劈哩啪啦說了一連串關於宇治上神社的歷史故事。如果有太艱深的日文聽不懂，或是內容和某位歷史人物有關的時候，我會適時地打個岔，請他在紙上為我寫下漢字。

「那宇治上神社與《源氏物語》這本小說是否有關聯性呢？」我問。

「其實並沒有直接的關聯性，但如果是說這幢木造拜殿是平安時代裡的殿堂格局，那就多少有些許關聯了。當時貴族居住的殿堂，便是現在拜殿裡的格局樣式，偌大的空間裡沒有任何隔間……」

「啊！對了，這裡和下方的宇治神社，據說是浮舟的父親八之宮的宅邸，不過也並無可靠的依據，只是後人的推想罷了！」老伯伯熱心的補充。

詢問完此地的歷史故事之後，和氣的伯伯問我從哪兒來的，我回答：「台灣。」

「台灣啊！我去過台灣兩次喔！」老伯伯興奮的說。

▲宇治上神社拜殿・兩柱清砂

「真的啊！來過台灣哪裡呢？」

「一次去台北，一次到花蓮。花蓮尤其讓我印象深刻，壯闊的太魯閣燕子口，那裡的風景真是美麗！」老伯伯彷彿在事隔多年後，開心地回想著來台灣旅遊的往事。

「花蓮確實是很美，空氣很清新，台灣人也喜歡到那兒度假。」我附和著。看老伯伯臉上露出的淺淺微笑及頻頻點頭，似乎很開心與我分享他旅遊的喜悅。「有機會再來台灣玩吧！」我笑著說。

帶著愉悅的步伐走出神社，心想多年以後，我肯定會回憶起這段在宇治上神社的邂逅，肯定也會惦念起有位曾經到過台灣，並且熱心為我們解說神社歷史的老伯伯。

宇治上神社

交通：從京阪宇治車站，步行約10分鐘
門票：免費
開放時間：自由參觀

▲宇治上神社本殿，供奉著應神天皇、菟道稚郎子、仁德天皇

跌入薰的情愛糾葛‧宇治十帖

　　某次造訪京都，行程原本是沒有安排宇治的。突然改變行程要前往宇治，是於出發的前一天，臨時在電車上的決定。前日，李大爺恰好在電車上看到「宇治十帖集印健行活動」的廣告海報。「這看起來似乎是一個挺有趣的尋寶遊戲，不如就藉由這次難得的機會，一次尋訪遍布在宇治各地的十帖紀念碑吧！」他說。

　　「宇治十帖」，其實就是《源氏物語》一書中最後十帖的故事。以宇治地區為時空背景，描述著光源氏的兒子薰與眾女人所發生的愛情故事。紀念這十帖的紀念碑就散布在宇治市的各個角落，藉著這次的健行

◀宇治橋・三之間

▼宇治・浮舟和匂宮石像

▲宇治・紫式部像

路線，讓我們非常容易便可以找到這十帖的藏身之處，也完完全全融入了《源氏物語》的故事情境中。

像在尋寶般邊走邊集印

　　一早，在宇治車站旁的搭棚處領了集印手冊後，隨即跟著路上的指標前進。一路上許多人扶老攜幼，每個人臉上都洋溢著幸福的笑容，時而聽見擦身而過的熟人互道早安，整個活動也像是全民運動般，讓寧靜的宇治頓時活絡了起來。宇

治車少人稀，走起路來格外輕鬆自在，就算不小心走到馬路中間，後方的車子也會禮讓你三分。貼心的主辦單位在各個路口處均貼上十帖的指示路標，清楚指引出下個紀念碑的方向，就算沒有手中的地圖輔助，還是可以輕鬆走完整個路程。若要在這兒迷路，還真是件不容易的事啊！

邊走邊集印的感覺，就如同在尋寶一般。像是回到青春年少，跟著班上的同學們為了兌換一件得來不易的T恤，在颱風天冒著大雨，騎著一台50cc的小綿羊，在台南的巷弄中來回衝刺。儘管身上衣服浸溼，依舊不減興致，樂在其中。雖然這不是個好行為，但現在回想起來卻是難忘的往事。走在宇治的街頭，心中浮現的是青春年少的美好回憶，對於此次的集印活動，也就不覺得路程遙遠，不覺得丁點疲累，反倒是樂此不疲。

我們從白天走到了黃昏，原本計畫2小時的健行路線，竟然花了一整天的時間才走完。途中，天空還突然飄起毛毛細雨，打壞了我們原本預定的時程，我們耗在惠心院的涼亭裡，哪兒都去不了。雨下了好一陣子，把宇治再度清洗得乾淨俐落，我們也沉澱好思緒，準備再度出發。

▼宇治川‧橘島

十帖紀念碑

▲▼宇治十帖紀念碑

▲▼宇治十帖紀念碑

關於橋姬的傳說

「等等進去橋姬神社前，記得分開走，不要一起進去喔！」李大爺語重心長叮嚀著。

「你好迷信喔……我才不相信咧！」到達橋姬神社時，我緊跟著李大爺的身後，一股腦兒把剛剛的叮嚀拋到九霄雲外去了！

橋姬神社，位於平凡的巷弄內，感覺就像是一戶人家，不仔細留意很容易就會與它擦身而過。小小的平房裡，佇立著幾尊石碑，但找來找去就是沒看到「橋姬」石碑的蹤影。索性問了一旁的阿伯，他指著房子最角落的草叢處，我答謝後趕緊走近一看，突然身後有位頭髮蒼白的阿伯吆喝著：「那個不是啦！『橋姬』的石碑不在這邊喔……現在要找應該也找不到了！」

「已經不在了？那現在唯一與橋姬有關的古蹟就剩下這座神社了嗎？」

「你等一下。」白髮蒼蒼的老伯轉身從櫃子裡搬出泛黃老舊的資料。

▼宇治十帖紀念碑

▲橋姬神社·聽老伯說故事

▼宇治十帖健行活動

「關於橋姬的傳說，眾說紛紜，有人說橋姬是鎮守宇治橋的女神，也有人說橋姬是女鬼，究竟橋姬扮演著何種角色？至今仍然是個謎團。不過大部分的人都認為，在遠古的那個時代，傳說有位名為橋姬的女神，夜夜都會守候在宇治橋邊，等待著愛人八幡神從京都離宮八幡宮前來相會。而該時期的紫式部也因為此一傳說，將宇治十帖的第一帖用「橋姬」來作為篇名，用以暗喻本帖內容即在描述幾位等愛的女人。」老伯娓娓道來。

眼前這位頭髮斑白的老伯似乎已經好久沒有和人暢談宇治橋姬的故事了，低著頭不斷翻閱著他所收集的資料，和我們說著這些鮮為人知的故事。

當然另一派說法，則是把「橋姬」醜化成女鬼。據說當時有位女子，痛恨丈夫移情別戀拋棄她，便到神社裡祈求神靈替她復仇。她照著神官的指示，身穿紅衣，怒形於色，浸於宇治川裡21天，最後果然如願將丈夫及其新歡咒死。但不幸的是，她竟化為駭人的鬼魂，從此變成了詛咒世人、斷絕男女關係的厲鬼。這也難怪李大爺在進入橋姬神社時萬般的叮嚀我，要分開進去神社比較保險。不過當時，我卻把他的一番好意當成是無稽之談！

站在宇治橋上的「三之間」，看著宇治川的湍湍激流，而橋下千年不變的宇治川河水，繼續流傳著宇治這個地方千年以前的故事。

✳

說也奇怪，人還真的不能鐵齒。回到飯店後，我的肚子突然間劇痛無比、直冒冷汗，嚇壞了在一旁的李大爺。突然腦海中閃過今天傍晚一同走進橋姬神社前，李大爺語重心長的提點，而我卻把它視為無稽之談。這，是湊巧嗎？

宇治十帖

各石碑分布於宇治各區，十帖健行路線約2小時。

尋找浮舟石碑 · 三室戶寺

　　沿著尋找宇治十帖紀念碑的路線，我們走進了三室戶寺。這裡，偏僻得讓人感覺到有點淒涼。

　　若不是要尋找「浮舟」石碑，我們大概也不會走進三室戶寺。旅人們常常為了節省盤纏，而捨不得花錢進入不是那麼出名的古剎，總覺得寺廟的構造看來看去不就是那樣，千古不變，在門口拍拍照隨即離開。初訪京都時的我，也許會有如此的想法，但現在的我卻發覺，那些不起眼的小古寺反倒是引人興趣，越深入了解就越能體會其中的精髓。

擁有「花之寺院」的美稱

　　三室戶寺，是浮舟之父「八宮」出家的推想地之一，其境內有「浮

▲三室戶寺・与樂苑

▲三室戶寺又有「花之寺院」的美稱

▲宇治・三室戶寺

舟」紀念碑。而浮舟這位女子是《源氏物語》裡最後退場的女性角色,《源氏物語》裡形容她:「雖出身低微,但淑性高雅,容貌端莊秀麗,令人心動,確實世間少有。」而她的命運與其他女人亦迥然不同。故事中,她陷入了薰君與匂宮之間無法抉擇的情愛困境,為了結束這段糾纏的孽緣,她選擇了投江自盡,不料卻被比叡山橫川的僧人救起,從此出家為尼,誠心修佛。

走在三室戶寺裡,感受到這兒確實是個僻靜的好地方,在此待上一段時間,可以達到身心舒暢,忘卻塵世中一切煩瑣雜物,非常適合作為想逃避壓力、逃避人群的藏身處。

若是你和我一樣討厭擁擠的都市,那麼一定會喜歡這兒。走在三室戶寺裡,可以感受那安安靜靜、脫離塵囂的自在,反正前方也沒有非得要趕路的行程,就這樣放慢腳步反倒是一種享受,不是嗎?而擁有「花之寺院」美稱的三室戶寺,

▲三室戶寺・与樂苑

據說每年5月的杜鵑、6月的紫陽花、7月的蓮花，到入秋時的楓紅，可都是極美的絕景。我們於秋末來到此地，綠樹映著豔紅的楓葉，景色的確令人讚賞。

為了浮舟石碑而來

　　京都之美，在於它隨處可拾之風景。一株花、一棵樹、一抹雲彩，甚至一戶人家，都可以讓人駐足停留。有人為了花，來到京都；有人為了吃，來到京都；亦有人為了古剎，來到京都；而我們，此次的目的即是為了眼前的石碑。不懂《源氏物語》的人，或許無法了解這股執著。但拜讀過《源氏物語》的人，了解浮舟故事的人，就算費盡心思、耗盡力氣都得要來看上這石碑一眼。你說，不就只是塊石碑，有何看頭？就如同看了部電影，想要去找找那拍攝場景的咖啡店，循著男女主角的腳步，坐在同樣的位置、看著同樣的風景，感受一下故事的氛

▲賓頭盧尊者木座像

▲三室戶寺・朱印

▲三室戶寺・朱印

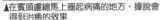
▲在賓頭盧繪馬上圈起病痛的地方，據說會得到治癒的效果

▲特色小繪馬

圍，如此罷了！

我想，李大爺的執著，也即是如此。

走到鐘樓旁，站在崎嶇的石板路上，不經意會發現被雜草覆蓋著的浮舟石碑，石碑底部布滿厚厚的青苔，從石碑上斑駁的紋路看來，這浮舟石碑還真和故事裡的浮舟一樣歷經風霜。還好，我們為了探尋這千年的足跡來到此地，撥開石碑前叢生的雜草，讓清新的空氣再度灑向了這沉寂已久的浮舟石碑！

喜歡來京都，也許因為這是一個由大大小小故事拼湊而成的歷史古城，著實有趣、有味道。每每走到一處，便可以與某件歷史事蹟，或是某位歷史人物做聯想。來京都，似乎不那麼乏味，就算漫無目標，走在哲學之道上、走在清水步道上、坐在鴨川旁、躺在八坂神社的石階，抑或坐在京味濃厚的咖啡館裡，還是覺得好玩有趣。有時南征北討，累倒在火車上，睡過頭了，帶著滿是睡意的臉走出陌生的車站，卻總還可以找到不少的樂趣。而這，就是我愛的京都。

三室戶寺

交通：從京阪宇治車站，步行約20分鐘
門票：500日幣
開放時間：8:30～16:30

《源氏物語》之城·源氏物語博物館

　　走向宇治上神社後方清幽靜謐的綠蔭小徑，路的兩旁時而出現幾座紀念碑，時而出現幾間被層層綠樹包覆的矮舊建築，這一切的一切都是那麼古樸，那麼自然。但再往前走，會發現一棟架空在水面上的現代化建築物，屋頂採用了流線式的寢殿設計，而層層的玻璃帷幕中，正上演著千年前的愛情故事。

　　把這棟建築物放置在這裡，怎麼看都與四周古樸的氛圍不太協調。冰冷的鋼筋水泥與一旁暖色系的木造矮屋形成了強烈對比，顯得這棟水泥建築有點突兀，有種居高臨下的感覺。跨越了水上通道，從這裡開始，我們被引領進入了《源氏物語》之城，彷彿穿越了一層又一層的時光隧道，一回神，光源氏就已佇立在我們的面前了。

▲源氏香

▲光源氏於門外窺探空蟬與軒端荻下棋的畫面　　　　　　　　　　　▲宇治・源氏物語博物館

走過《源氏物語》的歷史軌跡

　　源氏物語博物館，是宇治市為「創建源氏物語主題之城」計畫而興建的。若你是源氏迷，來走一趟，確實可以有許多意外的收穫。這座主題之城，利用空間的配置，巧妙結合了歷史的軌跡，讓身處於現代的我們能夠輕易地走進平安時代，回溯那虛擬卻又真實的《源氏物語》世界。

　　從「平安廳」開始，時光倒回至平安京城的光源氏時代。站在門外的光源氏，正在偷窺著空蟬與軒端荻下棋，此一畫面著實引人注目。而「棧橋」，牽引出了從「平安廳」來到「宇治廳」的歷史紀行。這一條利用光影技術營造出的時光隧道，被引喻為從平安京翻山越嶺，穿越宇治川，最後抵達了故事的終點宇

六地蔵から木幡をぬける

▲▼宇治十帖意境圖

鴨川を渡る

治間的通道。這看似極為普通的空間，卻隱藏著細膩的玄機，讓旅人能夠完整的融入。橋樑上一幕幕展示的圖片，帶領著我們在不知不覺中走入了「宇治廳」，來到了以光源氏之子薰君，與大君、中君及浮舟等幾位女性為要角的故事舞台。

宇治川へ

▲▼宇治十帖意境圖

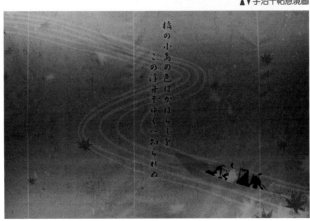

橋の小島の色はかはらじを
この浮舟ぞゆくへ知られぬ

依據《源氏物語》一書的說法，在光源氏所在的平安時期裡，流行著所謂「香道」，貴族們不僅喜歡聞香，也喜歡把自己的外袍用特殊香料薰得香味四溢。在《源氏物語》裡，也出現了如是的情節。後人因《源氏物語》風靡一時，故依此情節，在後世創造了一種名為「源氏香」的遊戲。

源氏香中最有趣的形式是取五種香味的香料，各分為五包，將其次序打亂，先後放置在香爐上燻烤，香客依序捧著香爐聞香。然後在紙上由右至左畫上五條縱線，分別代表五次聞香的結果，香客將其所聞到的香味相同者利用橫線連結在一起，即會形成特殊的圖形。各種香料總共可以排成五十二種圖形，《源氏物語》中除了首帖「桐壺」及尾帖「夢浮橋」之外，每種圖形都代表著一帖。而為何這兩帖除外呢？這個問題至今依舊困擾著我。

京都《源氏物語》的時空　洛南

▼光源氏夜訪情人的景象

女人心裡的尺度

　　「影像展示廳」裡播放著影片「橋姬，女人們心裡的尺度」。紫式部用「橋姬」為首篇，展開了宇治十帖的故事，利用橋姬這個角色暗喻維繫男女關係的困難重重。而在這最後的十帖當中，也著實刻劃出故事裡男主人公是如何將這些女子們迷得神昏顛倒。不過，這些女子們最終還是各自在精神上獲得了成長，不論是出家，抑或是自盡，我想，都是一種對於世俗關係的解脫吧！

　　來到博物館的最終站「故事廳」，牆上懸掛著歷史軌跡的展版，講述著《源氏物語》撰寫的時空背景，介紹了紫式部與藤原道長，還有平等院及宇治上神社的歷史故事，透過了這些概念圖版，可更輕易將書籍與歷史作連結，替這趟《源氏物語》之旅劃上了完美的句點。

　　走著走著，就如同電影散場般，我們來到了紀念品販賣處，這兒有間名為「花散里」的咖啡店。花散里呀！這個名字取得好有氛圍，她是《源氏物語》裡的一位女性角色。在紫式部筆下的花散里，似乎沒有姣好的容貌，唯一迷人之處就是她那一頭烏黑秀髮，以及一手好女紅。說也奇怪，貪色的光源氏又為何會愛上如此的女子呢？原來她還有著非凡出眾的氣質，以及自然流露的母性光輝，讓從小失去母愛的光源氏能夠在花散里的身上尋得那麼一丁點寬容母愛。

　　我們在店裡的吧台前坐下，侍者為我們添上了溫開水，墊在水杯下的杯墊刺著光源氏的圖騰，送上來的膳食則是道地的蕎麥麵與宇治金時。無形中，我們似乎也成了書中的小配角了。

　　唉！我若是光源氏，身旁又有眾多美女環繞，難道我會不心動嗎？

源氏物語博物館

交通：從京阪宇治車站，步行約8分鐘
門票：500日幣
開放時間：9:00～16:30
休日：每周一（遇國定假日則改休周二）
網址：http://www.uji-genji.jp/

京都《源氏物語》的時空　洛南

空蟬

戶外絲竹饗宴・石山寺

　　除了清水寺之外，我似乎沒有在夜晚時分造訪過日本的古寺。

　　一步出石山寺車站時，漆黑的街道上只倚靠著幾盞路燈照明，這裡彷彿更遠離都市了，幾近無人的街道上只有我和李大爺及細長的影子作陪，心裡也不禁暗自懷疑，前方的目的地是否真如資料上所說，正在舉行著盛大的《源氏物語》慶祝活動呢？

　　「你確定這是往石山寺的路嗎？怎麼街上這麼暗吶？」

　　「沒錯吧！地圖上的確是這樣標示啊！」

　　「感覺不太像有在舉辦活動，完全沒有人啊……」

　　帶著滿腹的狐疑及期待，我們不自覺加緊了腳步。走了一會兒，終於在這無人的街道上，看見一位迎面而來的中年婦女，我忍不住開口詢

▲千年之戀館‧手繪蛤貝殼

▲《源氏物語》角色布幔　　　　▲大津石山寺‧源氏物語千年紀代言寶寶「光ちゃん」

問：「請問，石山寺該往哪兒走？」熱心的婦人回頭指了指我們前進的方向說：「再往前走一點就到了。」

適合隱居的地方

　　要不是因為這裡有「源氏物語千年紀」的活動，非得要親眼目睹「源氏物語夢回廊」的風采及聆聽夜晚的絲竹饗宴，應該鮮少有人會在夜晚時分來到大津這個小鎮。雖然無緣看到它白天的樣貌，但我推想這裡肯定是個適合隱居的地方，周圍有清新的瀨田川為鄰，沿著川邊就能抵達遠近馳名的琵琶湖，遠眺湖光山色，如此原汁原味的自在生活，可是人人心生嚮往、夢寐以求的境界，不是嗎？

走入了幽靜的石山寺表參道，盞盞依據《源氏物語》故事為背景所繪製的燈籠，照亮了整條石板路，幽暗的空間中綻放著微微黃光，增添了幾分神祕感。我們沿著這道微光找到了「源氏物語夢回廊」的入口，因為持有源氏物語千年紀的護照，因此參觀夢回廊的展覽是免費的。

源氏物語夢回廊

　　沿路順著指標，我們走入了「世尊院‧紫式部千年之戀館」，這裡展出著「源氏物語千年之戀」這部電影裡的相關物品。這部日本東映公司五十周年的紀念作品，男主人公光源氏是由日本知名女演員天海祐希所主演，白淨清秀的模樣正如同作者筆下的光源氏，也難怪如此多的女人心甘情願地沉淪迷戀。電影中，光源氏雖獨愛其妻子紫上，但因生性風流，只要看過的女人無一不與其勾搭，除了與繼母藤壺間的不倫之戀，又沾染上了皇兄的妃子朧月夜，終至被

▲源氏物語‧千年之戀館

流放至明石。故事總是撲朔迷離，身邊的女子一個接著一個，而癡心苦等他回家的紫上，心裡又是做何感想呢？如此大不倫的故事情節，也讓人深思到作者紫式部的靈感來源究竟出自何處？書中男人將女性物化、玩弄於股掌之間、可輕易得到卻不需付出任何代價，是反映她自身遭遇的現況，抑或是勾勒出當時複雜的社會風氣呢？

　　再走入夢回廊的第二個主題館「明王院‧田邊聖子文學館」；這位日本女作家田邊聖子，對這部曠世巨作《源氏物語》進行了改寫，釐清了原著的故事線索，而將其適度編寫而著成《新源氏物語》。現今一般坊間拜讀的版本即是經過這位著名女作家潤飾過的，透過她細膩的筆觸、詳細的描述，將書中的角色描寫得維妙維肖，讓人稍稍品嘗，就會一頭栽進了《源氏物語》的世界，甚至也想來書中充當個配角，妄想一段虛幻不實的不倫之戀！

　　來到最深處的「密藏院‧源氏物語未來千年館」，初看這個館名其實挺驚訝的，心想著傳統與未來的結合究竟會碰撞出什麼樣的花火？著實令人期待。走進一看，小巧玲瓏的機器人，身上竟穿著平安時代的衣著，原來《源氏物語》也可以結合高科技，做出如此這般的作品。而這一切都要歸功於高橋智隆先生，他依

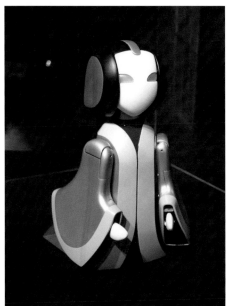

▼密藏院‧源氏物語未來千年館‧結合科技的源氏小機器人

▲《源氏物語》手寫復刻版

▲《新源氏物語》田邊聖子親筆手稿

▲幽暗的微光引領我們走入源氏物語夢[...]

▼夜・石山寺

照紫式部所描繪的人物，再加上雅俗的平安王朝色彩，將歷史文化融合未來的科學技術，創造出了獨一無二的源氏機器人。

▲石山寺・戶外絲竹饗宴

沉醉在悠然的氛圍中

此刻，遠方傳來陣陣的美妙樂聲。

沉迷在「源氏物語夢回廊」裡的我們，差點忘了此行的目地即是這場絲竹饗宴，我們趕緊加快腳步，在石山寺的開山堂前，找了個位置坐下，來聆聽這場絲竹饗宴。會場中，大部分都是中年人，似乎以受過音樂薰陶的氣質人士居多。我們這兩個年輕小鬼穿梭在其中，顯得有點格格不入。但，我還是得裝出一副「我可以融入樂聲所要傳達的意境中……」的氣質，哈哈哈！

現在大部分的年輕人多半喜歡爵士樂或Basanova曲風，似乎只有流行音樂才能帶領我們進入深層思考，才能讓我們全然卸下心防、完全舒壓。但對於風雅人士來說，真正能夠得到心靈釋放的，唯有那無汙染的天籟之音。雖然我對傳統樂器沒有多大的興趣，但我故作鎮定的聆聽，漸漸地，我也融入了這曼妙的古典樂曲旋律中。

石山寺，讓我們完全沉醉在這悠然的氛圍裡，也難怪紫式部當時來到此地，會觸發她撰寫《源氏物語》這本曠世巨作的靈感。我們踩著愉悅的腳步，緩步走出石山寺，心裡卻有點不捨的想著，如果寫書沒靈感時，是否也可以來到此地，坐在月見亭裡等待些許著的靈感呢？

石山寺

交通：從京都車站搭乘JR東海道本線，於石山站下車，步行約10分鐘
門票：500日幣
開放時間：8:00～16:30
網址：http://www.ishiyamadera.or.jp/

京都《源氏物語》的時空　洛南

美麗的「她」，弁天堂‧

醍醐寺

天空飄起如細雪般的雨點，是要撐傘呢？還是淋個小雨，把這當作是漫步在雨中的浪漫？我們倆決定手勾著手，回味那青澀時期還懵懂未知的戀愛階段，享受一下漫步在雨中的甜蜜滋味。

不知是天公不作美？還是因為醍醐寺地處偏遠？這天來到醍醐寺的人確實很少，少到用十根手指頭都數得出來。平常討厭擁擠的我，看到了如此冷清的畫面，心裡卻是暗自竊喜。如果說不需要人擠人，也少了觀光客們嘰哩呱啦的吵雜聲，可以恣意又放縱的沉浸在醍醐寺的美麗景致裡，那是多麼美妙的事啊！

▲醍醐寺・美麗的弁天堂　　　　　　　　　　　　　　　　　▲醍醐寺・秋楓

三宝庭院

　　踏上表參道，溼漉漉的碎石地上布滿了浸溼的枯楓落葉，而枝頭上的楓葉則依舊在苦撐著，在寒風冷雨中，努力綻放出它最後的光采。紅葉的壽命很短暫，任憑天氣變化而隨風飄落，紅極一時也只不過是剎那間的光景，而散落一地的落葉，還得遭受行人的蹂躪踐踏，就這樣漸漸枯爛腐化，成了大地最肥沃的營養來源。有些飄落在地上的楓葉片，幸運地避開了路人的踩踏，還很新鮮的被保存著；輕輕抖掉那攀附在葉面上的露珠，夾在某本書籍裡，或許時間久了會被遺

忘,但哪天又被翻閱到時,肯定會回想起此刻的心情。

　　帶著一顆輕盈的心,走入三宝庭院,這是醍醐寺最主要的殿舍,而入口木造階梯上豎立著「庭園殿舍 禁止攝影」這斗大的八字警語。對旅人來說,無法盡情按下快門鍵,可是一大掃興。沒有圖片,記憶或許就變得淡薄,隨著時間流逝、頭髮斑白,這一幕幕美景便將消失在腦海中。

　　於是,我懷著不甘的心,踏入了三宝庭院。

　　在庭院的迴廊裡,進駐了一批歐巴桑眼線部隊,眼睜睜地盯著遊客胸前的相機,感覺是高薪聘請來的三宝保鑣,每位都非常盡責,絲毫不敢忽忽職守。想當初豐臣秀吉也曾來到醍醐寺舉辦賞櫻大會,而讓後世只要一聽到醍醐寺就會聯想起當年紅極一時的「醍醐之花見」活動。實際來此走一遭,三宝庭院的美景著實令人著迷,這兒的秋楓可說是我們在日本見過最美的景致之一。若是能夠拍上一張照,肯定可以拿來當成書本的封面呐(嘆)!

把握美麗的片刻

　　來到醍醐寺,若是參觀完三宝庭院後就此停住,那可真是可惜了。出了三宝庭院往後方走,穿過仁王門,這條筆直又冗長的參道,兩旁的櫻花樹及楓樹枝幹交疊。春天櫻花片片,夏天綠意盎然,而蕭瑟的秋分時節則有楓紅與枯枝作陪。

　　儘管為了閃躲地上溼漉漉的積水,行走時必須活像個喝醉酒的醉翁般左右搖擺,但依舊無法澆熄我想繼續往前的決心。李大爺只管放我一人在此地尋寶,一直隱藏在我的後方,拿著相機猛按快門,捕捉我那搖擺不定的身軀。這條路看似平凡,卻讓人走走停停。哪怕只是一棵普通的楓樹,也足以讓我停下腳步,尋找那停留在楓葉尖頭上晶瑩剔透的露珠。美麗的露珠好像是刻意在等待我來捕捉它一般,就在我按下快門的那一剎那,它終於功成身退,回歸了大地。拍到了這樣的畫面,確實有點彌補了三宝庭院不能拍照的缺憾。美麗的片刻總是不等人,來

得快，也去得快，沒有及時掌握，錯過了或許就再也回不來了。

經過了鐘樓、五重塔、不動堂……眼前的景象是一幢幢陳舊、年久失修的殿堂，但如此老舊的建築卻特別吸引人。從刻劃在牆上斑駁的歲月痕跡，可以看出建築物的故事，也能道出此地的歷史脈絡。在不同的時空背景裡，或許我和豐臣秀吉一樣，也曾經站在同一個地點，想著同樣的事情。或許有點矛盾，但我卻是個守舊、害怕嘗新、害怕挑戰新事物的現代人。就是喜歡用習慣的杯子喝茶、喜歡到固定的咖啡館點杯陳年不變的拿鐵、喜歡走相同的道路回家、喜歡依偎在某個人的身邊找尋特有的安全感。不知道和我臭味相投的人多不多，但睹物思情，確實是會勾起許多好好壞壞的陳年往事，值得令人一再回味。

彷彿置身仙界

繼續往前走，位於下醍醐的末端有片美麗的大池子，這兒就是弁天堂。弁天堂最大的特色應該就屬「她」那抹上朱紅漆調的嬌小外觀，被濃密的楓樹及湖泊環抱其中。在秋天紅楓綻放的時候，建築物、橋墩、樹影全都倒映在湖面上，美到讓人彷彿置身仙界。而為什麼用「她」來形容弁天堂呢？因為這裡供奉著七福神之中，掌管音樂和學藝知識的女神——弁才天。最後，來到此地，別忘了一定要在弁天堂前的弁天橋上留下一張回眸一笑的美麗身影，為此行留下一點紀錄喔！

走到下醍醐，我已體力殆盡！上醍醐，只能期待下次造訪了。

醍醐寺

交通：從京都車站搭乘JR東海道線於山科站下車，轉搭京阪巴士22、22A
　　　系統，於醍醐三宝院下車
門票：三宝庭院600日幣
開放時間：3月至12月第一個禮拜日9:00～17:00；12月第一個禮拜日後
　　　　　至隔年2月9:00～16:00（售票至關門時間前30分鐘）
網址：http://www.daigoji.or.jp/index.html

▲醍醐寺‧山門

▲醍醐寺‧秋楓

差點夜宿男山上・石清水八幡宮

「傍晚咧！確定還要搭纜車上山嗎？」我急忙問道。

　　說什麼也要上去看一看，就算只有短短的20～30分鐘也好。就姑且順著李大爺的意思，我拖著疲累的身軀緩緩步向石清水八幡宮。

　　這台纜車好像是為了我們而啟動的，車廂裡除了我和李大爺之外，只剩下孤零零的駕駛員。男山纜車裝有鐵軌，乍看之下就是一輛山間小火車，沿著鐵軌一路順著開上山，只有單軌行駛，途中有個會車處可以巧妙的將上下山的列車暫時錯開。纜車沒有中繼站，從山下的八幡市直接抵達男山山上，下車後，再沿著山間小路步行個幾分鐘就可以抵達石清水八幡宮了。

　　下車時，駕駛員熱心的提醒我們：「末班車是六點四十五分發車

▲石清水八幡宮‧表參道

▲男山纜車

喔！」眼看著時間一分一秒流逝，我的腦袋瓜裡同時間內發出了許多警訊：「搭不到纜車回去怎麼辦？」「有巴士嗎？」「如果沒巴士，那不就完蛋了，難不成要在山上露宿？」「噢……我不要！」

　　在幽暗的山間小路，我們依賴著路標往前行進，彷彿每走一步就熄了一盞燈，啪——啪——啪，漸漸的我們就像被層層的濃霧給包圍，回頭時已看不清楚來時的路了。

夜訪神社

　　聽說「玉鬘」曾經來過八幡宮參拜。不知為何，《源氏物語》裡的女主角

中，我對玉鬘情有獨鍾，或許是迷戀上她的姿色，根據書中描述，她美麗動人；也或許是憐憫她的遭遇，她是夕顏與頭中將的私生女，自小喪母，被乳母帶至九州撫養長大。唉！《源氏物語》之所以好看，就在於它的故事輾轉迂迴，總是隱藏著令人百思不解的複雜關係，看似一段平凡的愛情，背後卻暗藏著離奇的不倫之戀，玉鬘就是這種關係下所誕生的人物。

　　據說這裡很靈驗，但在傍晚時分，八幡宮裡依舊空蕩蕩的，沒有香客。雖然不喜歡人多的地方，但在天色漸暗的時刻來到無人的神社，還是有股毛毛的感覺。悄悄環顧了四周的環境，說不上死寂，但偶然間還是可以聽見自己的呼吸

▲夜‧手水舍

聲，電影中厲鬼飄出的景象一幕幕從我腦中閃過，我怎會如此膽小啊！躡手躡腳的走進神社裡，點著黃光的大紅涼亭處，石井還不時汨汨流瀉出清水，沒有因為早已無人而歇息，我照慣例舀了一瓢水，洗洗小手。

境內，四處點著微亮的燈光，讓氣氛變得融洽，授与所（販賣御守的地方）的人員仍盡忠職守端坐在位子上，等待上門的客人。每次到神社，我總喜歡買買御守，紀念也好，祈福也好，總之就覺得心裡踏實些。站在授与所許久，猶豫不決到底該買哪個好，有家中安全、學業進步、結緣、安產、長壽、交通安全的，色彩更是多到讓人難以抉擇，我時常在挑選顏色時陷入膠著，左右手各拿一個，就是不知該如何是好。面對如此情況，通常都是「麻煩兩個都幫我包起來吧！」

第一次在無人的神社待到天黑，心想著或許白天再來會好上許多。但，只留我倆在此細細探索，不也是種樂趣。正當準備要離開時，赫然瞥見一位年輕男子左顧右盼的踏入神社內，他的行為舉止與方才的我小有雷同，小心翼翼的探頭探腦，慢慢在境內隨意瀏覽後，便立即消失。我慶幸著身旁有位說來不算體格強健，但至少稱得上是位男子的保鑣（不用懷疑，就是李大爺，呵呵）在守護著我，要不然，叫我在黑夜中隻身前往神社，我還真無法鼓起勇氣嘗試呢！

啊！纜車

　　回程時，站在本殿的角度往前看，參道兩旁豎立著排列整齊的石燈籠，石燈籠間形成了一條筆直冗長的石板參道，這不是我們來時走的路線，但一般開車上山或搭乘巴士的遊客們，都必須通過這條步道才能抵達本殿。相反的，如果是從參道的盡頭凝視石清水八幡宮，整齊排列的石燈籠加上高聳濃密的松林在天際間層疊著，路的盡頭處隱約露出絲絲微光，這時眼前這幢古老的建物，就更顯得引人入勝了。

　　「啊！纜車……」我突然大叫。

　　看看手錶，只剩下5分鐘末班車就要說再見了，我們倆於是三步當兩步，頭也不回的朝纜車站狂奔，就怕差那幾秒鐘而被迫在這冷清的山上度過一晚。碰的一聲我衝進車廂內，倒抽一口氣，感覺很久沒有跑百米鍛鍊身體了，整個人也好像骷髏般快要解體。

　　「其實沒搭到也沒關係呀！（喘）」李大爺上氣不接下氣的說著。

　　「沒關係？（瞪）我可不要待在無人的山上噢……」沒好氣的回答。

　　「走路下山也不過十來分鐘啊！」

　　「……」

石清水八幡宮

交通：搭乘京阪電車至八幡市站下車後，轉男山纜車，於男山山上站
　　　下車，步行約3分鐘
門票：免費
開放時間：6:00～18:00
網址：http://www.iwashimizu.or.jp/

授与所

▼境內擺滿各式各樣的石造燈籠

不守時的市巴士・城南宮

　　城南宮，距離京都不遠，但卻鮮少有人參訪。翻了翻巴士時刻表，市巴士只有一班車有到城南宮，而且一小時才一班。一大清早，比巴士發車時間早約15分鐘抵達巴士亭，還不到發車時間，就遠遠的看著巴士緩緩駛近。嗯，果然是班冷門的巴士，空盪盪的車廂，沒幾位乘客，車子行駛的方向也與大多數的市巴士相反。巴士將我們載往京都南邊的郊區，望著窗外，道路非常寬闊，路上也多了許多大貨車、聯結車，確實與京都市中心的街景大不相同。約經過30分鐘，我們在看似荒涼的路邊下車，而一旁就是城南宮了。

▲城南宮·本殿

源氏庭園

　　「城南離宮」是城南宮的本名，就如同「離」字一般，它遠離市囂獨居於京都南邊。和一般神社不大相同，這裡少了人潮，少了生氣勃勃的熱鬧感。會走進城南宮的，大多是在地人，可能是來這兒祈福，抑或是改運解厄的。

　　城南宮，或許來過京都多次的人都不見得有聽過，但其實它離京都市區並不遠，只是因為偏僻的地理位置，常常讓人誤以為它地處遙遠的南方。這裡有座依照《源氏物語》書中所提到的花草樹木建造而成的「源氏庭園」。聽說春天來時

▲洛南・城南宮

▲城南宮・源氏庭園

會開滿櫻花，夏天來時會有蟲鳴鳥叫湊熱鬧；如果說春冬交接之際前來，還有冬梅可賞。唯獨秋天，似乎是這裡所有花草樹木的休眠期？不過既來之則安之，當然還是得入境隨俗，逛逛這聞名已久的「源氏庭園」。

我認真的翻閱花了500日幣得來的簡介，「源氏庭園」採迴游式的庭園建築，裡頭區分為春之山、平安之庭、室町之庭、桃山之庭，以及城南離宮之庭五大區塊。而《源氏物語》這本小說裡登場的花草樹木都被一一標示得非常清楚，每株植物前都會立上告示牌，寫著本植物在書中第幾帖有出現過，抑或是與哪位角色有關等訊息。

這個時節裡，神苑裡的氣氛確實有點孤寂，少了百花齊放，也少了熱鬧人潮，除了我們兩位賓客之外，大概就只有那幾位攀爬在樹上，忙著修剪樹枝、整理庭園的工作員了。秋天確實是這裡的休眠日，大夥兒趁著這段期間維護這裡的花花草草，把樹上枯萎多餘的枝幹清除，幫樹木修剪個漂亮的髮型，等待春暖花開時綻放異彩。若是可以在春冬之際來到此地，感受「枝垂梅」如瀑布般從藤架上傾瀉而下，那會是多麼美、多麼幸福的畫面啊！

漫長等待的滋味

冷清的城南宮，就連回程的巴士也不遵守站牌上的時間。我們守在站牌前苦等，看著路上來回疾駛的車子呼嘯而過，就是沒有市巴士的蹤影。偶爾探頭，感

▲城南宮‧源氏庭園

覺遠方疾駛而來的大型車體像極了市巴士，於是便開心起身，準備揮手招車；但一駛近，卻又大失所望，臉上泛起的笑顏隨即淡出。

站牌後方是間有著超大停車場的日式食堂，感覺像是專門在做團體遊客或砂石車司機的生意，眼看時間逼近中午時分，還不見半個人影走進用餐。店內擺滿了各式各樣令人垂涎欲滴的炸物及料理，我眼巴巴地望著那些金黃酥脆的炸物，好想貪心的走進食堂內大快朵頤一番，卻又掛心著我那等了半個多鐘頭的市巴士。

「你餓囉？」李大爺問道。

「唉……也沒有啦！只是聞到香味，忍不住多看一眼罷了！」臉已經緊緊貼近食堂玻璃窗的我如是回答著。

「如果餓了，那我們就進去吃飯吧！再等下一班就好了……」

「不行、不行，錯過了這一班，下一班又不知道要等多久。」

真是天人交戰的一刻，下次，再也不做這樣的傻事了，就隨心所欲地進去大啖一番，享受旅行的自由，不就得了。

城南宮

交通：從京都車站前搭乘市巴士19號，在城南宮站下車，步行約1分鐘
門票：源氏庭園500日幣
開放時間：9:00～16:30（售票至16:00）
網址：http://www.jonangu.com/

私京都・洛北

源氏
夢（ゆめ）
回廊

唉……拜殿整修中‧上賀茂神社

　　時值秋末冬初，我被昨晚下起的毛毛細雨，以及前兩天寒凍的天氣給矇騙了。一早出門，我就圍了條大圍巾，還披上了鋪棉大外套，把自己包裝得密不透風，心裡竊喜著：「這樣就妥當了！」準備迎接之後可能會溼冷的一天。但在步出飯店的那一刹那，我呆住了。「等我一下……」我急忙跑回房間重新整裝（糗斃了）。

　　今天早晨的天空，出乎意料的靛藍。

　　心裡應該是要高興才對！但被天氣捉弄的感覺實在很不好受，有時候裹得像肉粽一樣，卻偏偏來個豔陽高照；有時候想逞一下少女「愛水唔驚流鼻水」的輕薄打扮，卻又颳起冷颼颼的寒風。好心的老天爺啊！您就不能同情同情我們這些出門在外的旅人嗎？行李箱裡足夠裝扮的衣物著實不多啊！

▲上賀茂・參道

▲上賀茂・樓門　　　　　　　　　　　　　　　　　　　　▲上賀茂・朱印留念

　　拋開了方才的焦躁情緒，打開京都巴士地圖，密密麻麻的神社、寺廟圖騰看得我眼花繚亂。好不耐煩的說：「上賀茂在哪啊？」李大爺金手指一指，在地圖最上頭的鳥居圖示來回畫了個圈，用無聲來抗議我的焦躁。

熱情的秋日太陽

　　搭上前往上賀茂方向的市巴士，車上熊熊的暖氣讓人有點受不了，殊不知今天是個大好天氣，應該開個窗戶好讓乘客迎著徐徐微風，欣賞路上的街景才是。由於真的太悶熱了，我顧不得旁人的眼光，隨心所欲地打開了窗戶，讓微涼的清風吹入心房，「好舒服！好暢快啊！」整個人就像騰雲駕霧般的飄了起來，心情也彷彿放鬆了許多。而車上那些拿著毛巾在擦汗的婆婆們，也都對我露出了感激的微笑。

車子就停在「上賀茂御園橋」站，從這兒走路到上賀茂神社大概還要5分鐘。這天不知怎麼搞的，路上的行人及車子特別多，也許是假日，也或許是天氣大好，大夥兒都想出門曬曬太陽、解解霉氣，順便來個閒情逸致的賞楓之旅。賀茂川兩旁的楓樹，一側開得火紅，一側綠得茂密，兩側的風光全然不協調。有人在河岸騎單車；有人挑個好位置鋪上野餐巾，在河邊翻著書、吃著壽司；也有三三兩兩穿著制服的高校生，結伴而行的在河邊打打鬧鬧；而我們站在橋上看著如此光景，心生羨慕，也好想像這些懂得生活的人一樣，恣意地坐在河邊發呆。

翻修工事進行中

上賀茂神社裡的楓葉遠比賀茂川兩旁的紅上許多，穿越第一重鳥居後，走入筆直的參道，兩旁是偌大的乾枯草皮，據說每年京都三大祭典之一的「葵祭」就是在這兒舉行。此行沒有機會看到祭典，但來此賞楓也是不錯。

此時的上賀茂神社宛如忙碌的整修工廠，大家各司其職在境內形成一種獨特的景象。細殿正在進行檜木屋頂的翻修工事，工人們頭上繫著白毛巾，曝曬在太陽底下，揮汗如雨的趕工，唯獨佇立在細殿前兩柱不可思議的立砂，依然安穩地座落在原地，不動如山。臨時搭起的帳篷內，身穿白衣的寫字人，正努力消化著排隊寫朱印的人潮，而我就在這冗長的隊伍之中。

成群懵懂無知的小孩們，在大人精心的安排下來到神社作禮。男孩們被打扮得像是個日本武士般；而女孩們則身著亮色系日本和服，梳著整齊的頭髮，腳上踩著不怎麼合腳的小木屐，走起路來略顯內八的俏皮模樣，讓我們看得欣喜不已。

楓葉紅得刺眼

繼續往前走，來到了境內最著名的片岡社，也就是一千年前紫式部來此求取姻緣的地方。拉拉神社前由紅、白、紫三色編織而成的繩索，可以祈求姻緣及家

▲上賀茂神社‧細殿（整修中）　　　　　　　　　　　　　　▲片岡社‧祈求姻緣

內安全。神社雖小，但從兩旁懸掛的繪馬數量，以及許多年輕情侶攜手前來虔誠
參拜的模樣來看，這小小的片岡社應該還頗靈驗的。

　　沿著境內彎曲的小溪走，會發現這裡有座目前被關閉，入口處張貼著禁止進
入告示的「涉溪園」。在春天，園內會舉辦吟詩作對的「曲水之宴」活動。

　　日本許多神社都會在春、秋時節舉辦吟詩詠歌的活動，許多人打扮成平安王
朝的貴族模樣，大家席地坐在榻榻米上，享受大地春暖花開、吟詩作樂的樂趣。
雖然不曾親眼看過如此的景象，但從電視上播出的大河劇中可以略知一二，大致
就是那樣的畫面。

　　就這樣沿著神社境內晃了一大圈，終於轉回了方才入口處的大草皮，這裡的
楓葉紅得刺眼，讓不少遊客停下了腳步爭相拍照留念。我貪心霸占了一棵自認為
很美麗的楓樹，手舞足蹈地擺出十連拍動作，讓李大爺為我在上賀茂神社留下了
美麗的倩影。

上賀茂神社

交通：從京都車站搭乘市巴士37號，於上賀茂御園橋下車，步行約5分鐘
門票：院內免費，本殿特別參拜500日幣
開放時間：10:00～16:00
網址：http://www.kamigamojinja.jp/

咦，原來我是《源氏物語》裡的玉鬘．

下鴨神社

　　大多數人都不愛迷路，尤其是在人生地不熟的國家，著實會讓人感到焦躁不安。不過我卻特別喜歡在京都迷路的感覺，在未知的前方充滿著驚奇，也可以在古色古香的日式小巷中多逗留一會兒。

　　我好喜歡日式洋房，兩層樓高小巧精緻的樓房，可以在門前的小小花園裡種植著自己喜歡的花草，還有一處可以停放車子的車庫。家的外觀可以依照自己的品味設計包裝，而住在裡頭一定也會覺得很溫馨、很舒適。在台灣，大家都被關在層層公寓大廈裡，要是在陽台種上幾盆花木，還得擔心颱風來襲時會不會被颳走，或是被突然來的一陣強風大雨吹得枯葉飄散，而根本無法專注於這樣的閒情逸致上。

　　走著走著，突然覺得自己好像闖進了我們今天的目的地——下鴨神社。

▲世界遺產・下鴨神社　　　　　　　　　　　▲傳統婚禮・穿著白無垢的待嫁新娘

賀茂御祖神社

　　「咦……下鴨神社還有別名嗎？」我打量著石碑上刻的文字嚷嚷著。

　　「好像是……賀茂……御祖之類的吧！」李大爺不疾不徐翻著他的筆記。

　　沒錯，下鴨神社正式的名稱是「賀茂御祖神社」。由於位於鴨川與高野川的匯流處，因此別名下鴨神社。這間古老的神社供奉著賀茂建角身命及玉依媛命，從平安京建城以來，一直扮演著守護京都、安定民心的重要神職。「東殿　賀茂建角身命」掌管著農民穀物與祈求豐收的職務；而「西殿　玉依媛命」傳說中與一位美男子結婚後，產下了健康的男嬰，過著幸福美滿的日子，因而後代將她視為祈求婚姻幸福、延續後代的神祇來祭拜。也因此，在下鴨神社經常可以看見來

▲下鴨神社・神官祈禱中

這裡舉辦日本傳統婚禮的年輕
男女，新娘包覆著厚重的傳統
白色禮服，靦腆羞澀的表情顯
露了待嫁女孩的喜悅心情。

目前在台灣，以古禮結婚
的人已經很少了，但我發現日
本年輕一輩的男女還挺能接受
傳統儀式。新娘穿著象徵「白
無垢」的純白大和服，而白
色，在日本被喻為是神的顏
色，代表著純潔無瑕，也意味
著拋棄原來的生活，即將步入
新生活的開始。保有傳統固然
是值得讚許，但要我穿著厚重
的純白大和服，臉上塗抹厚厚
一層狀似白灰的脂粉，再擦上
深豔的大紅脣膏，似乎又有點
太過妖豔。這樣的美感，我到
底還是無法認同，遠看還真的
活像陶瓷娃娃般，尤其是那櫻
桃般的嘴脣特別搶眼。

《源氏物語》神籤

據說這兒也像宇治神社一
樣，有著《源氏物語》的神籤

▲下鴨神社‧舉辦御手洗祭的/

▲下鴨神社‧大炊殿

▼源氏籤‧抽抽看，你是書中哪位女性角

可抽。我走到授与所前，在籤筒旁徘徊了好一陣子，猶豫著到底該不該抽上一籤。之前在宇治神社時已經錯過一次，只因不想落入書中任一女子的悲慘遭遇而作罷。「如果抽到的是紫上，或許心中還會竊喜著，雖然無法生育，但至少是光源氏恩寵的女人；但若是六条御息所，噢！那可悲慘了，我不想要因愛生恨，變成厲鬼四處詛咒他人，那狼牙利嘴、嘴角沾染著鮮紅血液的畫面，久久在我腦海裡揮之不去，那會是多麼可怕的一件事呀！」心裡不斷閃過小說裡的情節橋段。

「就當作是好玩，抽抽看吧！」「何必這麼認真咧！」李大爺不停在我耳邊叨絮著，好似覺得我太過於嚴肅看待這件事情了。

「好吧！就抽抽看吧！」我故作鎮定的說著。

也不知道自己在堅持什麼，不過就當它是個遊戲吧！索性就在籤筒裡攪呀攪的，抽了支籤。咦，原來我是《源氏物語》裡的玉鬘啊（其實也不差）！

《源氏物語》第二十二帖「玉鬘」，小說中描述著玉鬘出生後不久，其母親夕顏便遭六条御息所咒死，玉鬘隨著其乳母從京都輾轉遷至九州太宰府。待玉鬘長大後，乳母一家人因不忍高貴的玉鬘跟著她們一起受苦，一心想把玉鬘送回京都，但遣送的過程中波折崎嶇，也曾遭遇到當地覬覦玉鬘美色的權貴刁難。最後，終於突破重圍，將玉鬘安全送抵京都。之後玉鬘一路平步青雲，甚至嫁給當今皇上，成為了國母。書中描寫的玉鬘，姿色勝過其母親夕顏，氣質上略帶達官貴族的書卷風範氣息，舉手投足間顯現出其婀娜多姿的迷人丰采。看到此，我不禁嘴角上揚，或許出身平凡，但卻擁有出淤泥而不染的脫俗氣質，是多麼令人驕傲的事呀！

下鴨神社

交通：搭乘市巴士205號，於下鴨神社前下車，步行約3分鐘
門票：免費（特別參拜大炊殿500日幣）
開放時間：6:30～17:00（大炊殿10:00～16:00）
網址：http://www.shimogamo-jinja.or.jp/index.html

什麼？下山纜車故障了‧比叡山延曆寺

　　前往比叡山，交通是有那麼一點麻煩。必須從出町柳站搭乘叡山電鐵，到達八瀨比叡口下車後，再轉乘兩段高空纜車，才能夠順利登上山頂。雖然路程相當遙遠費時，但沿途風光可是美得會讓人不斷發出驚嘆聲。比叡山的纜車，堪稱是日本第一的高空纜車，海拔落差相距561公尺高。隨著高度慢慢攀升，在楓葉滿開的秋日，視野也隨之寬廣；滿山滿谷紅通通的楓葉林就此呈現在眼前，車廂內：「哇！超美的啦！」「天啊！好紅的楓葉喔！」如此的讚嘆聲此起彼落，大夥兒似乎早已忘記了車廂內的擁擠與不適感。

　　我們在山腰處的一家茶屋裡坐下來用餐。茶屋採用了傳統的木造建築，店裡除了戶外的座位之外，還有室內的和式榻榻米位子。我們選了

▲比叡山山腰處，茶屋

▲排隊搭乘山頂接駁車的人潮

▼比叡山延曆寺入山套票

個鋪上大紅坐墊的戶外座位，點了碗道地的蕎麥麵及親子丼，而親切的歐巴桑店員熱情的招呼著我們，替我們端上了熱呼呼的抹茶。桌面上灑下絲絲溫煦的陽光，在微涼的山上喝下這口熱茶，一股暖意頓時襲上心頭，甚是窩心。這裡的客人不多，但足以讓老闆娘手忙腳亂了，看她跑進跑出，一會兒要準備食材，一會兒要幫客人斟茶，不一會兒又要招呼新客人，真是夠忙的了！等了十幾分鐘，兩碗熱騰騰的飯食才緩緩上桌。注入了歐巴桑滿滿熱情的料理，果然別有一番風味。

京都《源氏物語》的時空　洛北

▲轉乘一班又一班的上山纜車

　　山頂上，有些許涼意。遊客們紛紛圍上圍巾、戴上毛帽保暖。從纜車下車處還必須轉搭巴士，才能抵達所謂的延曆寺佛寺區。而整座比叡山山頭都是延曆寺的地盤，在這座山上散布著零零散散的寺廟據點，如果真有體力及時間，不妨可以嘗試用健行的方式來遊覽這座聖山。若你也跟我們一樣，腳程不太靈光的話，山上也有巴士可以直達各個寺廟，不過要留意接駁的時間，通常錯過一班就要再等上個幾十分鐘。我們選擇搭乘巴士，在蜿蜒的山路上快速前行，時而可以看見一些健行的旅客，相較之下，我們似乎懶惰了些。

　　話說這延曆寺究竟有何許魅力？可以吸引這麼多人來此朝聖。其實這座山頭，並沒有一間名為延曆寺的建築物；整個延曆寺是由境內的東塔、西塔以及橫川等千古名剎集合而成。而延曆寺自古以來素有「日本佛教之母山」的美譽，許多有名的僧侶都來自延曆寺。所以，喜歡日本歷史的人，對於延曆寺一定不陌生，畢竟幾乎所有和京都有關的歷史故事，都和延曆寺脫不了關係。

　　我們的比叡山漫遊路線：橫川→西塔→東塔。

　　在山上，拿著在出町柳站購買的比叡山一日券，糊里糊塗的搭上了巴士，也順利在橫川下了車。原以為這張價值2,500日幣的一日券可以在比叡山上悠遊一整天，沒想到這裡頭可是陷阱重重啊！雖然於橫川下車時，我們拿著這張2,500日幣

▲叡山ケーブル八瀬站

的票券順利下了車，但是從橫川到西塔時，可就沒有如此幸運了！

「這張票不能搭巴士喔！」司機叫住我們說道。

「為什麼不行？我剛剛也是拿這張票給前一位司機看的啊！」

「這張票不含巴士費用，剛剛那位司機沒注意啦！」司機回應。

「不對吧！票上明明就有畫巴士的路線，就是包在裡頭啦！」

　　與司機的對話，讓後方排隊要下車的乘客等了許久，司機先讓後方乘客下車，而在路旁排班的巴士司機也上前了解，並且告訴我要再額外購買一張巴士券，才可以搭乘山頂的接駁巴士。雖然我們當時還是無法認同這位司機的說法，

但既然兩個司機都這樣說了，也只好被迫妥協，乖乖掏錢買票。下了車，我仔細閱讀了一下票券上的字眼，原來這張2,500日幣的票券只能從山頂纜車站搭車到東塔旁的巴士站，如果要前往橫川或西塔方面的話，則必須額外再購買800日幣的山頂巴士一日券才行。唉！摸摸頭自認倒楣囉！

備註：持「比叡山延曆寺入山きっぷ」的使用者，在搭乘比叡山上之接駁巴士時，僅可用於「比叡山頂巴士站」到「延曆寺巴士中心」之間。若是從「延曆寺巴士中心」搭乘往「橫川」方向的路線，必須額外支付車資。

像極了被架空在半空中的橫川中堂

在橫川下車時，被一旁的吆喝聲給吸引了過去。日本人攬客的功力可真是一絕，推銷的人一直不斷鞠躬吆喝，路上的行人如果不接受他的邀約，彷彿會對不起他似的。原來是一旁的小吃店正在舉辦小型的抽獎活動，我們走入了人群之中排隊抽獎，李大爺抽了個銘謝惠顧；而我則很幸運地抽中了每日限量的黃籤，可以到店裡兌換一碗熱呼呼的道地名產「くず湯」。在此之前，我從沒聽過這個玩意兒，看起來就像是半透明的漿糊一樣，黏黏稠稠、熱熱甜甜的，在寒冷的山上吃下一口，確實能夠短暫撫慰被凍結的心。餐盤旁還附贈了一塊寫著根本中堂的脆餅，看來這脆餅就是當地的名產錯不了，酥脆又帶點奶油味，好吃、好吃！

踏著輕鬆的步伐走進了橫川，找尋那圖片上看起來像是被架在半空中的飛船建築，而那幢建築物正是橫川的代表殿堂——橫川中堂。入口處，我把票根給了收票的歐吉桑，他用不太標準的中文說了：「從哪裡來的啊？」我回答：「台灣。」「台灣啊！那裡有阿里山、日月潭……」他答道，說著說著他遞了份中文簡介給我，嘴巴裡還是不停說著中文，雖然不能夠百分之百聽懂，但這份親切感，就足以讓人覺得窩心，畢竟能在日本的深山裡面，遇到一個會講中文的日本老伯伯還真是挺不容易呢！

▲延曆寺‧橫川

　　沿著指標，我們轉進了一條斜坡石階路，由下往上看，赤紅的木頭整齊有序地釘起方格基盤，看起來好像是將建築物懸在半空中一般。試圖沿著石階坡道繼續往上走，但不知是天氣太冷，還是體力太差，走沒幾步路就氣喘吁吁的，必須坐在一旁小憩片刻。李大爺以飛快的速度超越了我的腳步，還一度轉頭看著我，眼神中透露出：「切……這個號稱自己是排球校隊的人也不過如此。」於是我起身，以不甘示弱的神奇步伐，飛速登上了橫川中堂。

　　脫下靴子，踏進中堂裡，周遭的空氣感覺瞬間凝結，好幽靜、好莊嚴的氛圍。頓時覺得連和對方說話都得屏住呼吸、放低音量，才不會吵到此地修行的眾菩薩們。中堂的階梯櫃上擺滿了一尊尊金色的菩薩像，原以為是裝飾用的；心想，這間廟也太奢侈豪華了吧！打造如此金碧輝煌的黃金菩薩，應該是座貴族廟宇才是。走進仔細一瞧，才發現原來是信眾花錢買來擺放在寺廟內祈福用的。小小一尊金菩薩要花上2萬日幣才能入手，之後還得再花上1萬日幣請廟方的住持為其開天眼，如此一來，才能真正達到消災解厄、祈求平安的效果。不過這應當是

▲橫川中堂

上流社會的活動，我想，我們只要有虔誠的心意就可以了。

隱藏在深山裡，它是延曆寺裡最古老的西塔釈迦堂

離開了橫川，我們隨即轉往西塔。就在此時，發生了上述的烏龍事件。在此不多做贅述，詳細情形就如同上述所言。總之，以後購買套票就是連小字都得背得滾瓜爛熟才行。

西塔，空氣中依舊瀰漫著神聖莊嚴的氣息，我想，這應該是比叡山歷經了數千年的佛禮薰陶所致，讓整個山頭都布滿了這樣清新的靈氣。從下車處穿越兩旁矮小的紅楓步道，沿著指示牌彎來彎去，路旁矮小的樹木慢慢轉化為參天巨木，而地上的枯楓也漸漸鋪滿了整片土地。越過由法華堂和常行堂併排而成的小渡廊（にない堂）後，會遇到一條筆直的下坡石階，此時只有一個念

京都《源氏物語》的時空　洛北

頭，這下子回程可好了，我又得經歷一段好漢坡，鍛練鍛練身體了。

　　緩緩步下石階，聳入天際的杉木林下竟然藏匿著一座殿堂，「釈迦堂」座落在這山谷裡，四周被群樹環繞，環境僻靜清幽。據說在織田信長火燒比叡山之後，豐臣秀吉從當時的園城寺將彌勒堂遷移至此，成為現今的釈迦堂，它同時也是延曆寺眾多建築物中，最古老的一座。站在偌大的廣場前注視著眼前這座殿堂，確實和其他佛寺不太一樣，厚實的屋頂由青銅色的屋瓦拼湊而成，屋身則是蒼老褪色的朱漆，走近撫摸著門板，可以深深地感受到木頭深刻的紋路。觸摸著那粗糙斑裂的痕跡，就如同人的臉上會隨著年長而出現的皺紋，年紀越大皺紋的痕跡越深，在在表露出釈迦堂所歷經的歲月風華。西塔因為較為偏僻，鮮少旅人駐足，悄悄走進殿內，堂中供奉著釋迦如來佛立像，濃厚的禪味、莊嚴肅靜的氛圍，著實令人安心。要是能夠有足夠的時間，我想，若在釈迦堂內打坐應該是件很放鬆的事情。

只有匆匆一瞥的東塔根本中堂

　　走到兩腳都快打結，就為了要趕在日落前抵達東塔。山上的涼意還真不是蓋的，才接近黃昏就已經起了大霧，冰冷的溼意也襲上了心頭，儘管不斷趕路，身體也無法因為走動而感到暖和。

　　由於東塔擁有延曆寺最重要的「根本中堂」，因此可想而知，東塔的人潮絕對是整個比叡山上最多的，雖然已接近休息時刻，但我們就是硬要趕在關門前來看它一眼。就這樣誤打誤撞，我衝進了東塔區域內的「大講堂」（我誤以為是根本中堂）。趕緊在櫃台收工前遞上我的集印帖，穿著白長袍的寫字人不疾不徐地收下了我的本子，手拿著毛筆輕輕沾點墨汁，在紙上揮灑出優雅的書法，然後再慢條斯理的打開朱印泥，拿著特製的木製印章在上頭蓋了印記後歸還給我；對照起我剛剛非常慌張的窘狀，真的覺得自己急得好羞愧。「謝謝！」我說。

　　轉身步出大講堂時，遠遠看到李大爺在對我招手。我開心的也對他招了招

手，好像孩子般的朝他奔去，想給他看看這熱騰騰的、剛獲得的、我壓根兒以為是根本中堂的朱印。「你看，要不是我飛快的衝進去，差一點就沒集到了。」我得意地炫耀著。「吼，你這個傻瓜，這不是根本中堂啊！」「什麼？你說什麼？不然這是哪？」「你自己抬頭看清楚，這是『大講堂』。」

　　喔！我的老天吶！眼看著分針就要指向四點半鐘，我的心都快碎了。於是快馬加鞭，立刻拔腿就往根本中堂的方向走去。越過「鐘樓」，我已顧不得人家說來這兒敲敲鐘會帶來好運的兆頭，一心只掛念著根本中堂呀根本中堂。突然看到遊客們站在紅得發亮的楓樹下與根本中堂的石碑合照，我想應該就是這兒了吧！轉向斜坡，我遠遠看著授与所的燈還亮著，終於鬆了一口氣，也趕緊重複了方才於大講堂內的慌張動作，完成了我在比叡山上的集印帖。

　　根本中堂內最著名的就是象徵著日本國運綿延不絕的「不滅法燈」，我們在

▲東塔・鐘樓

裡面約莫僅待了5分鐘即被催促必須離開。雖然有點不捨，但那匆匆一瞥的印象
至今依舊深植在我腦海裡。

　　一切的趕路行程，應該就此劃下句點了吧？

＊

　　「什麼？」我聲音頓時提高了八度。

　　「下山的纜車發生了點意外，目前暫停行駛。」站務人員在通往纜車站的山
路上，持續發布著這樣的消息。

　　「我們今天有沒有這麼倒楣啊！」我喪氣的說著。

　　就因為不想在曲折的山路上乘坐巴士，而花錢買了較貴的纜車一日券，但沒

▲延暦寺・東塔・大講堂

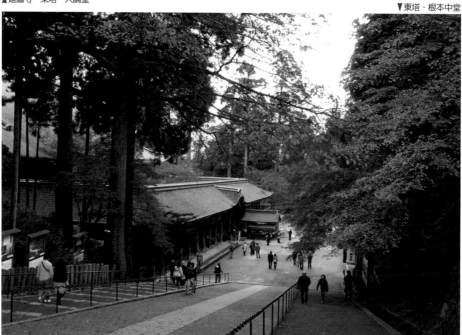

▲夜景·比叡山上眺望琵琶湖

想到纜車竟然壞了。隨即詢問了一下服務人員，對於纜車的意外事故他無法多說，只說會安全順利地將山上的遊客運送下山，請大家放心之類的官方說法。我們和大批的遊客擠在巴士亭前，等待前來救急的接駁巴士。說也奇怪，大家臉上好像看不出一點抱怨、無奈的表情，我們只能說，日本人的脾氣還真是一流的。搭上了擁擠的巴士，此時天色已暗，站在搖搖晃晃的巴士車廂內，吸著悶熱的暖氣，著實讓人感到不適。車上有幾位乘客因為經不起悶熱與搖晃，相繼嘔吐，而空氣中則持續夾雜著這些五味雜陳的味道……。

　　唉……這真是一趟令人不快活的聖山之旅啊！

比叡山延曆寺

交通：從出町柳站搭乘叡山電車至八瀨比叡山口，轉乘叡山ケーブル
　　　→叡山ロープウェイ至比叡山頂下車後，再轉搭比叡山內接駁
　　　巴士至延曆寺巴士中心
門票：東塔、西塔、橫川共通票券550日幣
開放時間：

東塔地區			西塔、橫川地區		
月份	開門時間	關門時間	月份	開門時間	關門時間
3～11月	8:30	16:30	3～11月	9:00	16:00
12月	9:00	16:00	12月	9:30	15:30
1～2月	9:00	16:30	1～2月	9:30	16:00

網址：http://www.hieizan.or.jp/

京都《源氏物語》的時空　洛北

近江牛ホルモン専門

もつすき もつなべ

平林亭

-hirarint

源氏

大口吃京都

京の旬感料理

京豆腐

専門華

本店

夢
ゆめ
回廊

胡麻擔擔麵・六傳屋

　　先斗町這條狹小的巷弄內，櫛比鱗次地排列著許多小店。這裡據說是京都人夜生活的天堂，也是藝妓頻繁出入的一條小巷。

　　巷弄兩旁的矮木屋，每間都高掛著燈籠，整條街瀰漫著一股幽暗的古樸味。或許是日本的古裝劇看得太著迷，眼前的景象就如同大河劇中會出現的場景般，飄散著陳年老舊的味道。排列整齊的木造矮舍，大門還是傳統的左右手拉式結構，看起來年代有點久遠，顯露出樸質古拙的一面。走在這條街上，身旁與你擦踵而過的人從沒停止過，吵雜的聲音也不絕於耳，時有喝得滿身醉意、叼著臭菸卻西裝筆挺的男人在街上遊走，但這些都不會影響我在這條窄巷中的興奮心情。

　　放眼望去，這裡不乏來自世界各地的旅人，一路上有操著流利台語

▲六傳屋‧店內一隅　　　　　　　　　　　　　　　　　　　　　　　▲京都‧先斗町

的台灣人、發音字正腔圓的中國人及金髮碧眼的高大外國人，尤其是這些歐美外國人對於眼前的景象似乎特別著迷，一路上不斷聽見他們發出「Wa!」、「OH! My God!」、「Very Special!」的讚嘆。畢竟，在他們的國家是絕對看不到這樣的街景，這也難怪他們會不時發出驚嘆的語句。

尋找心目中第一流的小餐館

　　來先斗町的旅人，無非就是要來尋找心目中第一流的小餐館，好好大啖京都料理的迷人滋味。「六傳屋」，小小幾坪大的店面，一走近便會聞到一股撲鼻的香氣，從木窗子往內一探，那一整鍋滷得焦黃熟透的串燒在滾燙的滷汁內翻滾。「好

▲先斗町・六傳屋

▲六傳屋・店內一隅

好吃的樣子喔！」邊吞口水心裡如是想著。這可是店裡的大招牌「土手燒」呀！光看它焦黃的外表，就知道燒物本身已經吸滿了滷汁的精華，肯定是好吃的。

　　悄悄打開木門，「いらっしゃいませ」（歡迎光臨）服務生親切高昂又有活力的招呼聲，迴盪在幾坪大的空間裡。穿越一樓筆直的吧台座位，服務生指引我們換上了室內拖鞋步上二樓，安排了一處四人座的榻榻米座位。日式榻榻米座位還真會讓不習慣的人坐到全身不自在，我的腳不像日本人如此柔軟，可以跪坐個幾小時都不覺得疲累，而李大爺個子高又手長腳長的，怎麼擺放都覺得不自然。隔壁桌的高大外國人索性跟店家要了張小板凳，好端端的坐在椅子上，但人還是比桌子高出許多，畫面看起來十分有趣。

不能錯過的胡麻擔擔麵

　　說到料理，來到這兒絕對不能錯過著名的胡麻擔擔麵。有黑胡麻與白胡麻兩種口味，黑胡麻帶點辣，白胡麻則是有點甜味。「有推薦的嗎？」雖然心中早已打定了主意，但還是想問問服務生的建議。「吃辣嗎？來碗我們的招牌黑胡麻擔擔麵吧！小點的話，可以點個土手燒，很入味，非常好吃喔！」

　　片刻後，服務生端著熱騰騰的擔擔麵上桌，我看了黑胡麻擔擔麵一眼，突然有一股難以下嚥的感覺襲上心頭。麵湯上層大量的黑胡麻伴隨著厚厚的一層油，

▲黑白胡麻擔擔麵

▲土手燒

賣相不是很討喜，感覺若是吞下肚內，肚子肯定會油膩不已。

「好好吃喔！」李大爺瞪大眼睛對我說著，嘴巴還捨不得放開麵條，一口接著一口。我卸下了心防吃了一小口，老實說，重口味的黑胡麻攪拌後與麵條混搭在一起，味道真的很獨特，雖然辣到有點刺鼻，但喜愛啖辣的人肯定會喜歡這一味。這賣相不佳的黑胡麻擔擔麵確實征服了我的心，也證明了我「以貌取麵」是個錯誤的觀念。至於白胡麻擔擔麵，味道也很不錯，帶點甜甜的濃郁芝麻味，麵中加入了大把的銀芽，增添口感。

店家推薦的土手燒，是用獨家的味噌調味燉煮而成。這些燒物悶煮到熟透，外觀看來完整卻入口即化，入口後獨留在嘴裡的是滿滿的味噌香氣。而吃串燒時，就該搭配啤酒才過癮；在日本，用餐時不點上一杯啤酒，似乎就太不入境隨俗了，這像是日本人的不成文規定似的，只要是坐下來用餐，就會非常自然的先點杯啤酒，屢試不爽。清涼的啤酒穿過食道直逼胃腸的舒暢感，足以讓整個人頓時甦醒，一掃秋天給人的懶散陰霾。

如果可以的話，在夏天來一趟六傳屋，點杯啤酒，吃個土手燒，再加碗胡麻擔擔麵，肯定是一件很過癮的事。

六傳屋

地址：京都府京都市中京区下樵木町199
價位：約880日幣
營業時間：11:30～15:00，17:00～23:00

鐵板料理 · 花たぬき

走在河原町上，想吃點什麼呢？

每次來到京都，就恨不得自己的肚子能像牛一樣有四個大胃，把自己想吃的，一次全部都塞進肚子裡。我不愛生魚片，但除此之外，日本的炸物、壽司、鰻魚飯、拉麵、燒肉⋯⋯卻總是在我腦海裡徘徊。

日本的小餐館通常喜歡把菜單上的圖片拍攝得相當可口，讓人還沒吃到就已經流了滿地口水。我們不經意地走進了這家店，或許是因為肚子已經餓到隱隱作痛了，看到這家滿是當地客人的鐵板燒店，心想，應該不難吃吧！沒想太多，就走了進去。

▲河原町・花たぬき

我鐵定要吃這家

「歡迎光臨，請問幾位？」上前迎接的服務生熱情的招呼著。

「兩位，謝謝。」

「不好意思，可能要稍微等個10分鐘，可以嗎？」

我轉頭看了看已經餓到兩眼呆滯的李大爺，他用力的點了點頭，眼神裡傳遞出「我鐵定要吃這家」的肯定訊息，於是我們就這樣坐在等候區，看著服務生端出一盤又一盤香氣四溢的料理上桌，但卻得努力控制不爭氣的肚子，別讓它發出

咕嚕咕嚕的聲響。

「李先生，兩位。」約莫過了15分鐘，好不容易服務生唱名了。說也奇怪，不懂日文的李大爺，似乎對於他的日文名字特別敏銳，一聽到唱名馬上毫不猶豫的舉手喊：「這裡！」他果真是餓壞了。

翻開菜單，琳瑯滿目的鐵板燒、大阪燒、廣島燒、鐵板炒飯、炒麵、炸物……哇塞！真想要學學電視上拜金女的金手指，我要「這個、這個、這個……」，心想，偶爾喬裝一下應該會很過癮才是（竊笑）。不過號稱小鳥胃的我們，還是不敢輕舉妄動，只好請服務生推薦店裡的招牌，於是我們點了鐵板炒豬肉、新鮮的漬物炒飯、一口牛排及明太子洋芋……當然還是少不了清涼順口的生啤酒囉！

暢快、舒服，這才是人生

「哇！暢快、舒服，這才是人生啊！」李大爺喝著生啤酒，痛快的喊了出來。我們點的料理陸續上桌，女服務生把方才所點的菜色都放在桌面上的鐵板加熱，如此可以讓食物一直保持著適當的溫度。我們一口接著一口，填飽了我們飢腸轆轆的小鳥胃。

「來日本這麼多次，我們好像沒有在日本吃過鐵板燒喔？」李大爺一邊吃著熱騰騰的鐵板燒，一邊喝著啤酒說。言語中似乎暗示我們每次來日本都很克難，捨不得在吃上面多花點時間似的。不過確實如此，每次來到日本，我們總是有趕不完的行程，根本湊不出充裕的時間坐在像樣的餐廳裡享受美食，三餐經常是草草解決，便利商店的關東煮及飯糰往往是我們旅途中的最佳夥伴。相較之下，我們這一餐吃得多麼滿足啊！

這家複合式的「花たぬき」有點類似台灣常見的「和民居食屋」，店裡的客人以日本人居多，應該算是間道地的小店。雖然誤打誤撞的走進來，但服務生知道我們是外國人後，也特別用心的推薦，想讓我們嚐嚐店裡最棒的料理。炙熱的

一口牛排、爽口清脆的漬物炒飯、和著濃濃奶油香的焗烤明太子洋芋、撒滿海苔不停蠕動的柴魚大阪燒，這幾道不陌生的料理今天吃起來特別好吃，不知是被服務生的熱情所感動，還是實在是太過飢餓了。

　　這家店很適合幾位好友來此小酌，餐點的分量不是很多，因此可以多點幾樣來試試。桌上設置的鐵板，能夠將食物隨時保持在一定的溫度，就算談天說地聊到渾然忘我，食物依舊是熱騰騰的。難怪在這兒用餐的客人，總是久坐，啤酒一瓶接著一瓶，話匣子一開，就再也停不下來了……。

花たぬき

地址：京都市中京区新京極通三条下ル東入松ヶ枝町456-6 YOGI ビル 1F
價位：約1,000日幣以上
營業時間：11:00～24:00，年中無休
網址：http://hanatanuki.jp/

涮涮鍋創始店・十二段家

　　若是想在路上與藝妓來個不期而遇，我想京都祇園的「花見小路」應該是全日本機率最高的地方。花見小路這兒觀光客居多，有些人來這兒捕捉藝妓的曼妙姿色，也有人和我們一樣，來這兒為空虛的五臟廟尋找慰藉。

　　花見小路有很多富有道地京味的小餐館，每一家似乎都是百年老店，每一家也似乎都歷經歲月滄桑，站在這條石板路上，肯定會讓你陷入其中無法抉擇。京都有名的餐館很多，只要看到門口大排長龍的，那肯定是口耳相傳的名店。至於好不好吃？那就端看個人的口味了。

▲花見小路・十二段家

▲十二段家，經常是高朋滿座的狀態

深深吸引饕客的味蕾

　　十二段家是日本しゃぶしゃぶ的創始店，掛上這個名號，一定得要非常的好吃才可以，若不是肉質鮮美、湯頭獨到，恐怕很難擄獲饕客的心。不過旅人還是很受不了「創始店」或「百年老店」這個名號的誘惑，只要店家在招牌掛上這樣的字眼，說什麼也要進去試試看。

　　在外頭等候了將近半個多小時，排隊的人潮有增無減。這裡的美味確實深深吸引著饕客的味蕾，就算久候多時，排隊的客人臉上依舊帶著笑意，絲毫沒有半點不耐煩的表情。而剛從店裡用餐完畢走出來的食客，每個人臉上也都掛著滿足的笑臉，正所謂用新鮮食材滿足饕客的心，就是店家成功的祕訣。

看著菜單，每一道都想點來嘗嘗，隔壁桌那兩位外國女生吃得津津有味，頻頻回頭對我們微笑，似乎想告訴我們：「相當好吃！」這一鍋不便宜的涮涮鍋，價格確實會讓人猶豫不決，是不是該狠下心來奢侈一次呢？看著菜單上的圖片，盤子上鋪滿了牛肉，鐵鍋裡則放入幾片野菜提升湯頭甜味，應該是可以吃個飽足才是，心裡如此盤算著。

嘗過才知名不虛傳

久候多時的涮涮鍋端上桌了，乍看之下分量不多，盤子裡僅僅鋪著六片薄到吹彈可破的牛肉，心裡不禁有點落寞。比起台灣的涮涮鍋，裡頭除了有吃不完的肉片，還有大把的高麗菜、金針菇、南瓜片、蝦餃、魚餃、蛋餃……等種類多到不勝枚舉的食材，十二段家的涮涮鍋確實略顯淒涼了點。

　　夾了片肉片在鍋裡涮啊涮的，服務生特別交代千萬不要煮太久，涮個幾秒鐘就可以了。「哇！好嫩！」富含脂質的新鮮肉片，在鍋裡涮個幾秒鐘後送入口中，真的好吃。霎時，方才停留在腦海中小氣、寒酸的感覺全都煙消雲散了，心裡隱約浮現出了「值得啊」的字眼。

　　食物的美味，若是沒有真正品嘗過，任憑用再多的言語修飾點綴，也無法體會。唯有親身咀嚼過那富有彈性的牛肉及嘗過那滿溢嘴角的甘甜肉汁，才知道它的價值何在。若是硬要說些什麼缺點，我想就是肉片數量太少，讓人只能細嚼慢嚥，而捨不得一口吞下罷了。

　　我想，這裡的涮涮鍋賣的就是「新鮮」這一滋味。肉質香甜、口感軟嫩，「創始店」的封號果然名不虛傳，確實能夠完全拴住饕客的心啊！

十二段家

地址：京都府京都市東山区祇園町南側570-128
價位：2,100日幣以上
營業時間：11:30～14:00，17:00～20:30
休日：每周四（遇國定假日則正常營業）
網址：http://www2.ocn.ne.jp/~junidany/

京都《源氏物語》的時空　大口吃京都

超人氣豬排·名代とんかつ

日本這家鼎鼎有名的豬排店，大多數的旅人應該都不陌生。關東、關西、九州等地區都可以看見它的蹤影。老實說，京都好吃的豬排店很多，並非一定得選這間不可。光是沿著京都四条走，就會遇到好幾家販賣炸豬排的餐廳，味道應該也不差。但不知道為什麼，每次走到「名代豬排」，還是會忍不住誘惑地走進它那狹小的入口處，乖乖排起隊來。

肉質鮮美、麵衣酥脆

小小的幾坪空間裡，門口擠滿了排隊等候的客人。餐桌前，每位食

▲京都・名代豚カツ

客被分配到的用餐空間也極為狹小，雖然大家都是縮著脖子彎著手肘在品嘗料理，但也吃得津津有味。究竟是有多大的魅力？就以它的食材來說，麵包粉是使用窯烤麵包製作而成，增添了幾分口感；蔬菜方面依季節性特選了國產富有水分的高麗菜；肉類則強調健康安全，挑選了品管嚴格的豬肉；並使用植物性沙拉油來進行料理。這兒不會因為客人過多而破壞了料理的品質，也不會有時間限制而影響了客人們用餐的情緒。

　　服務生首先送上熱茶及裝有黑白芝麻的碗缽，如果是這裡的熟客，一定非常清楚這兒用餐的程序，拿起小木杵在碗缽裡磨呀磨的，把顆粒狀的芝麻磨成細粉，接著再倒入特製的醬料調合，最後拿它來沾豬排。當然，吃炸豬排必定得搭

配大量的生菜來解油膩。這兒的特色就是讓你有吃不完的生菜，吃不夠，服務生隨時會幫你添加。看著對桌的小伙子，炸豬排上桌了還不急著吃，光看他吃生菜就吃了好幾輪。其實看似平淡無味的高麗菜絲，淋上店家特製的酸醋醬汁，酸中帶點生菜本身的甜味，確實非常好吃，連我也忍不住大啖了幾盤。

　　期待已久的豬排終於上桌了，炸得酥脆、帶點金黃色澤的外皮，讓人垂涎欲滴。豬排要炸得好吃，無非就是要肉質鮮美，而外層的麵衣也必須酥脆而不溼軟，咬下去時要能感受到喀吱喀吱的聲音及傾瀉而出的肉汁，才是真正的美味。

　　每次來到名代，必定會點上一盤炸豬排定食及腰內肉丼，淋上蛋汁的腰內肉和著些許的洋蔥，讓我現在又想飛回京都，解解我那饞得要命的嘴巴了！

名代とんかつ

地址：京都市中京区河原町通三条西入ル
價位：1,000日幣以上
營業時間：平日、周日11:00～21:30，周六11:00～22:00
網址：http://www.fukunaga-tf.com/katsukura/

後記

我眼底下的京都

　　還記得在剛開始動筆的那一刻，腦海裡浮現了許多關於京都的畫面，純樸的民風、充滿京味的石板路、滿山滿谷的奪目楓紅，以及京都職人的親切微笑。回憶起這些曾經出現在眼簾中的橋段，心中不禁想著，原來千年的古都，也可以如此的生動有趣。

　　京都就如同一杯濃醇的咖啡，有人覺得苦澀，也有人覺得甘甜。而京都之於我，則是越咀嚼越香，越啜越令人回味。

　　如今，我把一本流傳千年的小說，走成了一本屬於我自己回憶的書，那些曾經踏過的足跡，深深烙印在我的腦海裡，揮之不去。每次來到京都，總覺得好像回到了老家一樣，有著家鄉的味道。或許這不擅於改變的特性，就是京都令人著迷的地方。不管你何年、何月、何時來，它依舊是老樣子，沒有太多的變化，總是那樣的熟悉、那樣的親切。

　　我永遠都記得我們第一次來到京都時的光景，踩著不熟稔的腳步，踏上了京都車站的大階段。對於前方究竟有什麼令人驚奇的風景，完全沒有頭緒。那是一個夏日的夜晚，雖然天氣燥熱，但階梯露台上迎來的涼風，卻讓人覺得神清氣爽。我和李大爺並肩坐在石階上，眺望著不遠處燈火通明的京都塔，而打從這一刻開始，我的心裡便默默的喜歡上了這座城市。

　　之後，只要能夠騰出時間，我和李大爺便會到京都走走。當然，也不會忘記要來大階段上重拾過往的回憶，坐在這兒忘情的細說京都的種種。

　　某年秋夜，我們又再次來到京都，依照慣例，我們步上了大階段，坐在那熟悉的階梯上。

　　「你為什麼喜歡京都？」我問李大爺。

「嗯，我喜歡這裡流傳千年的歷史……」

「還有六傳屋的胡麻擔擔麵吧！」我開玩笑的說著。

「哈哈，被你一說，我肚子又餓了。」嘴饞的李大爺不停的幻想著京都迷人的傳統美食。

好吧！我就不折磨他了，我只是想知道他眼底的京都究竟是什麼模樣。或許習慣透過鏡頭捕捉景物的他，所看到的京都會與我的不同。雖然沒得到答案，但我可以確認的是，我們倆都懷著一顆迷戀京都的心。

旅途中，我喜歡與人交談。喜歡和當地人聊聊天，而且多半是長輩。就像本書裡，在前往大原野神社的路上，我和一位老奶奶一路相伴聊天，聊台灣、聊生活、聊她為何一人隻身上山、聊我為何會來到如此偏遠的地方；又在宇治神社裡，透過老伯伯的故事，讓我更加的了解宇治；走進橋姬神社時，頭髮斑白的廟祝翻出了陳年泛黃的資料，熱心為我解說消失的橋姬石碑。啊！原來，在我眼底下的京都，盡是如此親切的畫面，也難怪這裡會讓我如此的著迷。

「京都・《源氏物語》的時空」，是我走訪《源氏物語》小說裡所提及的景點後，將之整理所著成的一本旅遊書。藉由撰寫本書的契機，我們在京都留下了深刻的回憶，把所見所聞，以及旅途中所發生的趣事，透過鏡頭、文字，記錄、集結成書。衷心的祈願讀完此拙作的您，也能絲毫感受到《源氏物語》故事裡的情節，感受千年之前曾在此地發生的愛情故事。

撰寫到此，我望著窗外枯枝搖曳的殘影，是秋天又慢慢近了。不知此時的京都，楓葉紅了沒？好似在提醒我，又該背起行囊出發了（傻笑）。

京都，我會再回來的。

Oct. 2011

＊附錄 書籍相關景點資料

書籍現存

位置	景點	說明	書籍用現存地	出處
洛中	京都御所	《源氏物語》以御所為舞台展開。御所內之紫宸殿、清涼殿、飛香舍（藤壺中宮住的地方），都真實的呈現出平安時代的模樣。	京都市上京區京都御苑3	「桐壺」等篇
洛中	一条戻橋附近	葵上與六条御息所兩人發生車爭之地。	一条通與堀川通路口旁	「葵」
洛東	清水寺	《源氏物語》中描述光源氏的愛妻夕顏去世時，曾舉辦送行儀式，將她送至東山埋葬。事後源氏前往悼念時，途經清水寺，見到了清水寺燈火通明，參拜著眾多的畫面。	京都市東山區清水1-294	「玉鬘」、「若菜下」等篇
洛東	愛宕寺	愛宕寺現址為六道珍皇寺，是光源氏的母親桐壺更衣及柏木喪葬儀式舉辦的地方。而六道珍皇寺往東為鳥邊野一帶，是當時的火葬場。	京都市東山區大和大路通四条下ル4丁目小松町595	「柏木」
洛東	法性寺	書中提及，薰夜訪三条院和浮舟表白，並在夜裡將浮舟帶往宇治，在前往宇治的途中，路過了「法性寺」。	京都市東山區本町16丁目307番地	「東屋」
洛西	大覺寺	大覺寺為嵯峨天皇在嵯峨的離宮，《源氏物語》中提及光源氏曾在大覺寺的南邊建造「嵯峨之御堂」，並利用建築的期間偷偷地探訪住在大堰川旁的明石君。	京都市右京區嵯峨大沢池町	「絵合」、「松風」、「宿木」
洛西	清涼寺	嵯峨天皇之子源融的別墅。後人推測，源融即是《源氏物語》書中的主人公光源氏，因此大膽的假設此地即是主人公光源氏在嵐山的別墅「嵯峨之御堂」。	京都市右京區嵯峨釈迦堂藤ノ木町46	「合」
洛西	野宮神社	《源氏物語》中提及六条御息所和女兒齋宮曾在此齋戒，光源氏也曾來此探視。	京都市右京區嵯峨野々宮町	「賢木」
洛西	大原野神社	《源氏物語》中提及冷泉帝為了獵鷹，曾出巡至此地。	京都市西京區大原野南春日町	「行幸」

位置	景點	說明	書籍用現存地	出處
洛西	仁和寺	平安時代，光孝天皇發願所創建，至其子宇多天皇時建造完成。稱之為「御室御所」。光源氏異母兄長朱雀院出家的「西山御寺」即是以仁和寺作為範本。	京都市右京區御室大內	「若菜」
洛西	遍照寺	平安時代，比具平親王的愛人大顏猝死的地方。這段身分差距懸殊的愛情，被後世拿來當作是光源氏與夕顏的範本。	京都市右京區嵯峨広沢西裏町14	「夕顏」
洛南	石清水八幡宮	《源氏物語》中玉鬘在回京的途中曾至石清水八幡宮參拜。	八幡市八幡高坊30	「玉鬘」
洛南	醍醐寺	《源氏物語》中末摘花的哥哥曾於醍醐寺擔任過阿闍梨（和尚）。	京都市伏見區醍醐東大路町22	「初音」
洛北	上賀茂神社（片岡社）	《源氏物語》中光源氏正室葵上與戀人六条御息所因為要去上賀茂神社參加葵祭時，發生爭道事件。上賀茂神社的攝社——片岡社，祀奉著賀茂別雷神的母親玉依比売命，自古以來以求姻緣、安產為人民所信仰。紫式部至上賀茂神社參拜時，也曾於片岡社吟詠和歌。	京都市北區上賀茂本山339	「葵」、「藤裏葉」
洛北	下鴨神社（糺之森）	光源氏在流放須磨之前，曾至下鴨神社的「糺之森」吟詠詩歌。而書中「幻」卷則描述了賀茂祭華麗至極的景像，與當時剛失去紫上，心情消沉的光源氏形成了強烈的對比。另外，下鴨神社裡還有著頗受民眾歡迎的《源氏物語》神籤。	京都市左京區下鴨泉川町59	「葵」、「幻」、「須磨」
洛北	比叡山（橫川）	《源氏物語》中浮舟投河自殺不成，被橫川的僧侶救起。之後，浮舟便於比叡山出家為尼。	滋賀縣大津市坂本本町4220	「明石」、「松風」、「夢浮橋」等篇

位置	景點	說明	書籍用現存地	出處
洛北	三千院	比叡山的西麓一帶稱為「小野」。落葉之宮（女二宮）的母親一条御息所為了接受佛祖的加持，因而與落葉之宮一同遷居至「小野山莊」。夕霧因愛戀著落葉之宮，也曾至小野探視。相傳三千院是「小野山莊」的推想地之一。	京都市左京區大原来迎院町540	「夕霧」
洛北	音無瀑布	夕霧在追求落葉之宮（女二宮）時，女二宮寫給夕霧的紙條中曾提到音無瀑布。	京都市左京區大原来迎院町540	「夕霧」
洛北	大雲寺	大雲寺為紫式部的曾祖父所創建。後世推想此地即是光源氏見到幼年紫上的地方，是北山某寺的推想地之一。	京都市左京區岩倉上藏町305	「若紫」
洛北	鞍馬寺	光源氏與年幼時的紫上邂逅的推想地，為北山某寺推想地之二。	京都市左京區鞍馬本町1074	「若紫」
洛北	雲林院	《源氏物語》中提及光源氏因和藤壺關係不佳，而至此參拜，祈求平靜。	京都市北區紫野	「賢木」
宇治	宇治神社	宇治八宮宅邸推想地之一。	宇治市宇治山田1	「橋姬」
宇治	宇治上神社	宇治八宮宅邸推想地之二。	宇治市宇治山田59	「橋姬」
宇治	三室戶寺	宇治八宮修行之地。根據《源氏物語》裡描述的山寺應是以三室戶寺作為範本。內有浮舟石碑及源氏物語神籤。	宇治市菟道滋賀谷21	「橋姬」
宇治	平等院	相傳為夕霧於宇治地區的別莊，是夕霧從父親光源氏那兒繼承來的。	宇治市宇治蓮華116	「椎本」
宇治	橋姬神社	橋姬神社祭祀著宇治橋的守護神・瀬織津比咩。《源氏物語》中提及，薰曾將宇治八宮的女兒當成是「橋姬」來歌詠。據說過去「橋姬」曾在宇治橋中央的三之間被祀奉著，而現在的橋姬神社則是以斬除惡緣而聞名的神社。	宇治市宇治蓮華47番地	「橋姬」

位置	景點	說明	書籍用現存地	出處
京都境外	須磨・明石	光源氏因與朱雀院之妻朧月夜發生不倫關係，因而被逼迫離京放逐「須磨」。不久後，明石入道邀請他至「明石」居住，他便與明石君相識，爾後生下了明石姬君。這段日子是光源氏人生中最重要的轉折點。	神戶市須磨區／兵庫縣明石市	「須磨」、「明石」
京都境外	筥崎宮	筥崎宮也稱為「筥崎八幡宮」，與宇佐、石清水並列為日本三大八幡宮。玉鬘和乳母於筑紫滯留時，也曾至筥崎宮祈求能平安歸京。	福岡縣福岡市東區箱崎1-22-1	「玉鬘」
京都境外	鏡神社	《源氏物語》中，玉鬘和乳母一家人在回京途中路過肥前，此時肥後的豪族大夫監看到美貌的玉鬘，曾向她求婚，並與乳母在鏡神社內互相交換和歌，玉鬘與乳母也在此祈求回京後能平安順利。鏡神社裡目前有紫式部文學紀念碑，記錄著書中的和歌。	佐賀縣唐津市鏡1827	「玉鬘」
京都境外	觀世音寺	筑紫一帶信奉著觀音，從前香火鼎盛曾以大建築自豪。現今規模縮小，建物是江戶時代重建。《源氏物語》中侍女的對話裡與「清水觀音寺」並列登場。玉鬘居住在太宰府時也曾至此地參拜。	福岡縣太宰府市觀世音寺五丁目6番1	「玉鬘」
京都境外	武生の国府	即現在的越前市武生地區。浮舟的母親曾對浮舟說：「就算你遠在武生的國府，我也會去見你」。996年（長德2年），紫式部的父親・藤原為時當時擔任越前守的職務，紫式部則跟隨父親前往，紫式部大約在此地生活了一年多的時間。	福井縣越前市	「蜻蛉」

EARLY FERNS

185

紫式部現存

位置	景點	說明	書籍用現存地	出處
洛中	盧山寺	盧山寺為紫式部撰寫《源氏物語》的執筆之地，也是紫式部住家的舊址。另外後世推測《源氏物語》中光源氏與空蟬會面的場所也是盧山寺。	京都市上京區寺町通広小路上ル北之辺町397	「帚木」
洛南	大津・石山寺	紫式部為了寫作，而到石山寺閉關七日，而那時正好是中秋之夜，紫式部看見了月亮映照在瀨田川上的美麗景象，引發了靈感，創造出了《源氏物語》這本曠世巨作。目前境內有座「紫式部供養塔」。《源氏物語》「関屋」卷中提及光源氏從須磨回京的隔年，在前往石山寺參拜的途中與正要回京的空蟬相遇，而彼此交換和歌。「蜻蛉」卷也提到女三宮病重時，薰曾前往石山寺祈求母親身體健康。	滋賀縣大津市石山寺1-1-1	「関屋」、「真木柱」、「浮舟」、「蜻蛉」
洛北	紫式部產湯之井	相傳位於大德寺境內的珍珠庵內，有口井是紫式部產女時為嬰兒洗澡所使用的水。目前珍珠庵不對外開放。	京都市北區紫野大德寺町53真珠庵	
洛北	引接寺	寺內有紫式部的供養塔和紫式部像。	京都市上京區千本通鞍馬口下ル閻魔前町34	
洛北	紫式部墓所 小野篁墓所	寺內有紫式部之墓與小野篁之墓。	京都市北區紫野西御所田町	

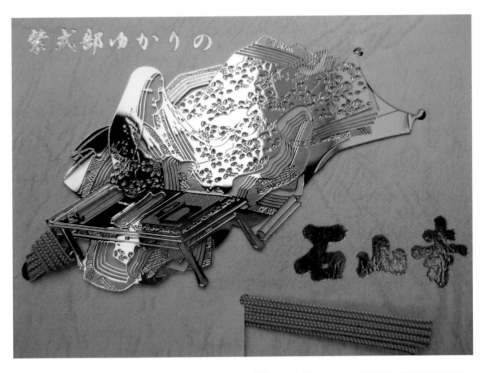

後世創造

位置	景點	說明	書籍用現存地
洛中	風俗博物館	風俗博物館中展示出光源氏與紫上居住的六条院春之御殿；重現寢宮及當時的日常生活；另外館內可免費體驗平安時期的衣裝。	下京區新花屋町通堀川東入ル 井筒ビル5F
洛中	源氏物語の館	源氏物語館展示著國寶源氏物語繪卷、屏風、源氏物語五十四帖和歌集等作品。	京都市中京區錦小路通堀川東三文字町 京善ビル3F
洛中	涉成園	東本願寺的別院，又稱枳殼邸。據說是仿源融的別莊‧河原院所建。	京都市下京區下珠數屋町通間之町東入東玉水町300
洛東	平安神宮	平安神宮是仿造大內院的朝堂院以八分之五的比例建造而成。看到平安神宮外的拜殿時，不禁讓人想起「大極殿」的昔日華麗規模。	京都市左京區岡崎西天王町97
洛南	城南宮	平安時代末期，白河上皇依照《源氏物語》六条院的模型而建造的鳥羽離宮。宮內有一神苑「源氏物語花之庭」，種植著《源氏物語》書中提及的花卉植物。	京都市伏見區中島鳥羽離宮町
宇治	源氏物語博物館	源氏物語博物館，是宇治市為「創建源氏物語主題之城」計畫而興建的。館內展示了許多與《源氏物語》有關的資料，有圖書室、影像展示室、平安時代的風俗文化物館……等，另外還有1/100的六条院模型，相當值得一看。	宇治市宇治東 45-26
宇治	宇治十帖紀念碑	紀念碑為勻宮與浮舟一同乘著小船至宇治川對岸的石像。石像上的屏風是薰在窺探宇治八宮宅邸的大君及中君的場面。	宇治神社鳥居前／朝霧橋東側

位置	景點	說明	書籍用現存地
宇治	夢浮橋の碑・紫式部像	「夢浮橋」古蹟旁佇立著以宇治橋為背景的紫式部石像。象徵著宇治十帖從「橋姬」為開端終至「夢浮橋」而結束。	宇治橋西側
宇治	宇治十帖碑	目前在宇治地區有十個大大小小的紀念碑，分別紀念著宇治十帖的各個章節。	宇治市
宇治	宇治川・浮島（橘島）	匂宮和浮舟一同乘船橫渡宇治川交換詠歌的「橘之小島」是位於宇治川下游的島，目前已不復存在。現在宇治川上游的橘島是後世建造而成，也是宇治眾多美麗景觀的象徵之一。	宇治市宇治川
京都境外	齋宮歷史博物館	「齋王」是代替天皇奉仕於伊勢神宮中的未婚皇族女性，而她們所住的宮殿被稱為齋宮。《源氏物語》中，六条御息所之女被選為齋王，而當時六条御息所曾與她一同南下伊勢。	三重縣多氣郡明和町竹川503

國家圖書館出版品預行編目資料

京都．《源氏物語》的時空/雪倫 文・李大爺
攝影.--初版.-- 臺北市：華成圖書, 2012.01
　面 ；　公分. --（自主行系列；B6118）

　ISBN 978-986-192-129-7（平裝）

1.遊記　2.日本京都市

731.75219　　　　　　　　　　100024623

自主行系列　B6118

京都《源氏物語》的時空

作　　者／雪倫・李大爺

出版發行　華杏出版機構

　華成圖書出版股份有限公司
　www.farreaching.com.tw
　台北市10059新生南路一段50-2號7樓
　戶　　名　華成圖書出版股份有限公司
　郵政劃撥　19590886
　e－mail　huacheng@farseeing.com.tw
　電　　話　02 23921167
　傳　　真　02 23225455
　華杏網址　www.farseeing.com.tw
　e－mail　fars@ms6.hinet.net
　華成創辦人　　郭麗群
　發 行 人　　蕭聿雯
　總 經 理　　熊芸
　法律顧問　　蕭雄淋・陳淑貞

　主　　編　洪文慶
　企劃編輯　俞天鈞
　執行編輯　張靜怡
　美術設計　謝昕慈
　印務主任　蔡佩欣

定　　價／以封底定價為準
出版印刷／2012年1月初版1刷

總 經 銷／知己圖書股份有限公司
　　　　　台中市工業區30路1號　　電話　04-23595819　　傳真　04-23597123

☺ 讀者回函卡

謝謝您購買此書，為了加強對讀者的服務，請詳細填寫本回函卡，寄回給我們（免貼郵票）或 E-mail至huacheng@farseeing.com.tw給予建議，您即可不定期收到本公司的出版訊息！

您所購買的書名/_____ 購買書店名/_____

您的姓名/_____ 聯絡電話/_____

您的性別/□男 □女　　　您的生日/西元_____年____月____日

您的通訊地址/□□□□□_____

您的電子郵件信箱/_____

您的職業/□學生 □軍公教 □金融 □服務 □資訊 □製造 □自由 □傳播
　　　　□農漁牧 □家管 □退休 □其他

您的學歷/□國中（含以下） □高中（職） □大學（大專） □研究所（含以上）

您從何處得知本書訊息/（可複選）

□書店 □網路 □報紙 □雜誌 □電視 □廣播 □他人推薦 □其他

您經常的購書習慣/（可複選）

□書店購買 □網路購書 □傳真訂購 □郵政劃撥 □其他_____

您覺得本書價格/□合理 □偏高 □便宜

您對本書的評價（請填代號/ 1.非常滿意 2.滿意 3.尚可 4.不滿意 5.非常不滿意）

封面設計_____ 版面編排_____ 書名_____ 內容_____ 文筆_____

您對於讀完本書後感到/□收穫很大 □有點小收穫 □沒有收穫

您會推薦本書給別人嗎/□會 □不會 □不一定

您希望閱讀到什麼類型的書籍/_____

您對本書及我們的建議/

華告回信
台 北 郵 局 登 記 證
台北廣字第000526號

免 貼 郵 票

華杏出版機構

華成圖書出版股份有限公司　收

台北市10059新生南路一段50-1號4F　TEL/02-23921167

（沿線剪下）

（對折黏貼後，即可直接郵寄）

本公司為求提升品質特別設計這份「讀者回函卡」，懇請惠予意見，幫助我們更上一層樓。感謝您的支持與愛護！

www.farreaching.com.tw　　請將 B6118 「讀者回函卡」寄回或傳真 (02) 2394-9913